THE MAN OF ACTION

내가 영화에 바친
장인 정신은
후배들이 이어 받으며
나의 영혼은
영원히 살아있을 것입니다.

2003년 10월 7일
제8회 부산국제영화제
회고전 인터뷰에서
정 창 화 감독

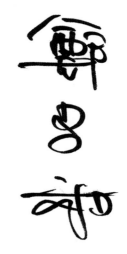

THE MAN OF ACTION

내 영화 인생은 아직 치열하다

정창화 감독

한 개인의 주관적 회고를 넘은, 한국영화사의 어떤 기록

김 동 호 | 부산국제영화제 명예집행위원장
| 단국대학교 영화콘텐츠전문대학원 원장

우선 정창화 감독의 회고록 〈The Man of Action 내 영화 인생은 아직 치열하다〉의 출간을 진심으로 축하드립니다. 이 회고록은 지난 2011년 한국일보에 연재됐던 '정창화 감독의 액션영화에 바친 60년'을 보완·수정해, 스무 살을 맞이하는 부산국제영화제에 맞춰 낸 것이어서 그 의미가 더욱 각별하게 다가섭니다. 축사를 쓰기 위해 회고록을 읽으면서 저는 감탄을 넘어 내심 놀라지 않을 수 없었습니다. 감독님의 그 '치열'한 영화 인생, 나아가 그분 특유의 승부욕, 자존심, 긍지 그리고 겸허함 등으로 가득 찬 파란만장한 삶에 감동하지 않을 수 없어서였습니다.

지난 3월, 친구이기도 한 임권택 감독은 부산일보의 「내 인생의 멘토」에서 "내 인생의 멘토를 꼽으라면 성장 과정에선 어머니(이현효 1912~2000년), 사회로 나와선 정창화(1928~) 감독을 들 수 있다. (중략) 정창화 감독으로부터는 한국 영화 제작 과정을 배울 수 있었다"고 했는데, 감독님이 강대진, 오우삼 감독과 더불어 "청출어람靑出於藍한 제자들"이라고 일컬은 임 감독이 왜 그분을 평생의 멘토로 여기고 있는지 이해하고도 남음이 있을 것 같습니다. 임 감독은 정 감독님의 영화에 대한 열정이 얼마나 대단했는지, 얼마나 독한 사람이었는지, 그러면서도 얼마나 세심한 분이었는지를 역설한바, 다름 아닌 이 회고록이 그 증거입니다.

제가 정창화 감독이란 존재를 인지하게 된 것은 영화진흥공사 사장직을 맡게 된 80년대 말, 한양대학교 대학원 석사 과정을 밟으면서였습니다. 한국영화정책사로 논문을 준비하면서 정창화라는 한국영화사의 거인과 조우했던 것입니다. 감독님과 결정적으로 가까워지게 된 계기는 물론 2003년 부산국제영화제 회고전입니다. 24장은 그래서 한결 더 가슴 뭉클합니다. 이번 회고록의 제목 〈THE MAN OF ACTION〉도 그때의 회고전에서 가져온 것이죠. 그 이후 감독님과 저는 영화계의 좋은 선·후배이자 동료로서의 긴밀한 관계를 유지해오고 있습니다.

이 책이 더욱 뜻깊은 이유는 또 있습니다. 한 개인의 주관적인 회고를 넘어 한국영화사의 어떤 기록으로서도 손색없다는 것입니다. 그 점에서 회고록 집필을 주저하던 감독님을 설득해, 끝내 한국일보 연재와 이 책으로까지 나오게 한 "영화에 대한 열정 가득한 후학들의…충언"에 이 자리를 빌려 크고 깊은 감사를 전합니다. "내 회고록을 통한 소소한 '사실'들이야말로 그들이 연구해야만 하는 귀중한 한국영화사"이기 때문입니다.

목차

부록

The Man of Action 내 영화 인생은 아직 치열하다 　제1장

자유만세¹⁹⁴⁶의
최인규 감독과 깡통 설렁탕

The Man of Action　내 영화 인생은 아직 치열하다　제1장

자유만세^{1946}의
최인규 감독과 깡통 설렁탕

The Man of Action　Chung Chang-Wha

오늘은 이곳 샌디에이고에도 많은 비가 내린다. 늘 햇빛이 바다와 어우러져 한껏 출렁이는 파도, 지루할 정도로 고요한 이 좋은 휴양지 날씨도 겨울 우기로 접어들면 비를 보내준다. 이 비조차 내리지 않는 다면 애잔한 향수를 견디기 힘들었을지도 모른다. 2005년도 칸국제 영화제 클래식 부문에 초청된 지도 벌써 5년이 되었다. 역시 햇빛과 바다가 짝을 이뤄 세계적인 영화휴양도시가 된 칸에서 올린 나의 영화 〈죽음의 다섯 손가락〉 상영회를 개최한다고 연락이 왔다. 72년도에 홍콩에서 제작한 후 73년도에 미국에서 개봉되어 박스오피스 정상을 차지했고 쿠엔틴 타란티노*Quentin Tarantino* 감독의 베스트 영화로 재평가 받으면서 그의 영화 〈킬 빌 *Kill Bill*〉의 오마주 영화로 떠오른 〈죽음의 다섯 손가락〉.

문득 가슴이 먹먹해졌다. 늘 기억에 남는 영화를 만들고 싶었던 내게 한국 평단은 '흥행액션영화감독'이란 평가 외에는 별반 후한 점수도 감독상도 주지 않았는데, 칸에서는 나의 영화를 클래식 반열에 올려주었으니 말이다. 칸은 내게 그 역사나 명성 때문이 아니라 내 영화 인생에 있어 상징적인 이중적 정체성을 함축했기에 난 그토록 가슴이 먹먹했던 것 같다. 나는 한국영화 초창기의 척박한 터전에 한국영화의 다양성을 모색한 한국 영화감독이었지만 늘 이방인들이 먼저 손을 내밀어 준 또 다른 이방인이기도 하다.

영화 역사는 1895년 뤼미에르 형제의 〈기차의 도착〉에서 시작되었

2005년 칸영화제 클래식 부분 초청 상영 된 〈죽음의 다섯손가락〉
쿠엔틴 타란티노 감독의 '세계 영화사 걸작 10편"로 선정

다고 한다. 나는 그로부터 50여 년 후인 1946년, 한국영화 초창기에 영화계에 첫발을 들여놓았다.

내가 영화를 시작한 그 무렵은 한국영화 초창기라고 볼 수 있다. 나는 그 당시 역사 속에 등장하는 소수의 전설적인 '웰메이드well-made감독'(이렇게 자평하자니 좀 머쓱하지만)이었지만, 한국영화의 암흑기라는 70년대에는 홍콩에서 영화를 만들었고 지금은 미국 샌디에이고에서 한국영화의 할리우드 진출을 돕고 싶어 하는, 어찌 보면 한국영화의 살아있는 역사이자 반평생을 한국 바깥에서 이방인으로 살아온 아웃사이더이기도 하다.

영화에 대한 열정으로만 본다면 여전히 '영화청년'이라고 우기고 싶지만, 어느덧 세월은 쏘아놓은 화살처럼 흘러 이제 이렇게 회고록을 쓰도록 갖은 종용과 외압(?)에 시달리는 나이가 되었다. 그런데도 회고록 집필을 주저하는 이유는 관련된 여러 인연에 대해 본의 아니게 상처를 입힐 수 있는 '진실'들이 거론될 수 있고, 일파만파一波萬波 소란스러운 가십거리 하나 더 보태게 될 수도 있기 때문이다. 그러나 내 회고록에서 건드릴 수 있는 그 어떤 상처와 회한도 엄연한 한국 역사의 한 면이다. 더구나 영화에 대한 열정 가득한 후학들이 여러 번 내게 충언하기를, 내 회고록을 통한 소소한 '사실'들이야말로 그들이 연구해야만 하는 귀중한 한국영화사라는 것이다. 그들의 열정과 간절한 눈망울은 비로소 내 어리석은 마음을 움직였다.

• 시대의 풍운아 최인규 감독과의 만남

나는 1928년 11월에 태어나 서울에서 자랐다. 영흥실업주식회사라는 무역회사를 운영하신 부친(정위영)은 한국독립당 중앙위원으로서 김구 선생을 모시며 혼란기 한국 정치사를 통해 올곧은 역사관과 정치적 이념을 실현하려 하셨다. 정치와 사업을 병행하시던 아버님의 팽팽하게 긴장된 삶 속에서 장손인 나는 마땅히 가정의 안정을 위해 조속히 아버님의 사업을 이어받아야 했고, 이를 위해 경기공립상업학교를 졸업했다. 그러나 2남 3녀 맏아들이자 존경하는 아버님의 기대를 한몸에 받았던 막중한 책임감에도 불구하고, 상업보다는 예술쪽에 더 마음이 기울어 갈등해야 했다. 예나 지금이나 그렇듯이 집안에서 거는 기대와 개인 자신이 원하는 소위 '자아실현'의 간극이 클수록 압박감은 그만큼 커져만 갔다. 나 역시 결단이 필요했다. 결국, 부친을 설득하여 음악학교에 입학했다. 당시로는 상업이 아닌 대안은 음악뿐이었고, 감수성이 펄떡이던 나는 그쪽을 향해 갈 뿐이었다.

결국, 2학년 재학 중 최인규 감독의 〈자유만세〉(1946)를 보면서 '나도 감독을 해봐야겠다.'는 뜻을 세웠다. 음악적 리듬은 이미 영화 속에 넘쳐나고 있었고 추상적인 음악이 더욱 현실적이고 구체적으로 영화 속에 구현되어 있었다. 영화에서 내가 진정 원하는 '예술'을 발견한 것이다. 〈자유만세〉는 지금 봐도 흥미진진한 항일 독립투사들의 이야기인지라 그 강렬한 주제의식에 경도된 한 편, 그러한 주제를 드러내는 탄탄한 시나리오와 빠른 속도에 깊은 인상을 받았다. 나는 그의 재치와 기교에 완전히 매료되고 말았다. 어떻게 해서든 최인규 감독 밑에서 영화연출 수업을 받아야겠다고 결심했다.

최인규 감독은 이미 한국영화에 있어 독보적인 존재였고, 당시로써는 대학에 영화학과가 전혀 없었기 때문에 그 시대 상황에서 내가 영화감독이 되기 위해 선택한 제일 좋은 방법은 최인규 감독 문하생으로 들어가 현장 교육을 받는 것 뿐이었다. 운명적 인연이었던지, 부친과 친분이 있는 최인규 감독의 형(당시 고려영화주식회사 사장)이었던 최완규 씨의 도움으로 최인규 감독의 문하로 들어가게 되었다.

나를 처음 만나자마자 최인규 감독은 이렇게 물었다. "네가 정창화냐?" "그렇습니다." "얘긴 다 들었다." 하시더니 다짜고짜 깡통 두 개를 내놓으셨다. "너, 내일부터 이 깡통 두 개에 하나는 밥 넣고 하나는 설렁탕을 담아서 매일 여덟 시까지 갖다 놔." 그분은 당시 집에도 거의 못 들어가시고 명동 입구에 있는 5층 건물 고려영화협회에서 살다시피 하셨다. 여배우 김신재 씨가 최인규 감독님의 부인이었으나 거의 별거하다시피 하고 신인 배우 최지애 씨와 동거를 하고 있었다.

"이렇게 깡통에다 담아 잡수시지 말고, 제가 배달해드리도록 하겠습니다." 하니, 이 분이 화를 내셨다. "야, 그 정돈 나도 할 줄 알지. 응? 왜 굳이 너한테 이걸 하라 그래? 내가 전화하면 다 배달되는데. 그러나 이건 네가 해야 할 일이야." 참으로 난감했다. 깡통에다가 철사까지 달아놓았으니….

그 시대에는 거지들이 그와 똑같은 깡통에다가 밥을 얻으러 다녔다.

매일 아침 여덟시에 설렁탕을 담아 명동 출근 인파를 헤치고 가다

보면 주위 행인들이 모두 기이한 표정으로 나를 쳐다보곤 했다. 멀쩡하게 생긴 놈이 거지 깡통을 들고 다니니 행색이 묘하다고 생각했을 것이다. 한번은 명동에서 친구들을 만났는데, 모두 눈이 휘둥그레져서 "야, 너 왜 그래? 응?" 정신이 이상해진 것으로 보기도 했다. 인파는 많고, 자초지종 설명하기도 마땅치 않아 "나중에 얘기할 테니 하여튼…." 그러면서 들고 와 냉큼 드리고는 화장실에 가서 눈물을 닦아낸 적도 있었다.

한 두어 달 넘게 그 짓을 했는데, 어느 날 최인규 감독님이 부르셨다. "창화야, 이제 그만해도 된다." 생각해 보니, 아마도 그분 생각에는 20대 부유한 집 도령이 영화감독을 한다고 하니 마뜩잖으셨던 것 같았다. 나를 상당히 나약하게 본 듯 했다. 최인규 감독님은 나에 대해 "온실에서 자란 청년"이라고 평가한 바도 있다. 고생 안 하고 귀공자로 자란 놈이 그 어려운 영화계에서 감독이 될 수 있겠는가 싶어 테스트한 것이다.

이렇게 인연을 맺기 시작한 최인규 감독님께 배운 것은 현장에서 해야 하는 감독 수업은 물론 혹독한 시련을 이겨낼 수 있는 '끈기'였다. 그는 냉철한 성격의 소유자였고 현장 진행에 있어 사정을 두지 않았다. 그때는 야속하기도 했지만 지금 생각하면 그것이 지금의 내가 있게 된 단단한 근간이고 넉넉한 배양토였기에 고맙기 그지없다.

하여튼, "내일부터 연출부에서 일해라." "그럼 제가 무슨 역할을 하면 됩니까?" "너는 항상 내 옆에 붙어 있다가 내가 뭔가 지시를 하면 그 문제를 처리해." "알겠습니다." 그 이후로는 항상 최인규 감독님

옆에 서서 그분 지시에 따라 움직이는 역할을 했다. 그때 연출부에는
이미 홍성기 감독이 조감독으로 와 있었다.

동문수학한 운명의 맞수가 벌인
'피 묻은 대결'

The Man of Action Chang Chang-Wha

최인규 감독님 문하에서 동문수학한 홍성기 감독은 해방 전 만주에서 만영이라는 촬영소 조감독 생활을 한 바 있어 나름대로 해외파 조감독이었다. 홍성기 감독은 후에 홍성기-김지미의 〈춘향전〉과 신상옥-최은희의 〈성춘향〉으로 맞대결을 벌이게 되면서 한 시대를 풍미했다. 그런데 흥미롭게도 후에 홍성기 감독과 세기의 맞대결을 벌인 신상옥 감독도 최인규 감독의 울타리 안에서 동문수학하는 인연을 맺게 됐다.

우리가 미 문화원에서 협조를 받아 〈국민투표〉(1948) 라는 다큐멘터리를 동시녹음으로 찍고 있을 때, 최인규 감독이 배우 모집을 한다고 신문에 공고를 내도록 했다. 연출·편집을 하시던 양주남 선생이 동시녹음을 하셨고, 신인 여배우 최지애, 전택이, 박일룡, 구종석 그리고 김일해 등이 출연했다. 그때 신상옥 감독이 신인배우로 응모했다. 원서를 본 최인규 감독은 "어, 애 미술 했구나."하며 배우보다는 미술에 대한 이력에 관심을 보이셨다.

"애는 배우보다는 연출부에 미술이 좀 필요하니까 그쪽으로 어떻게 해 보는 게 좋으니 본인한테 얘기해 봐라." 그래서 신상옥에게 연락하니, 미술 쪽 일이라면 사양하겠다고 하며 본인은 꼭 배우가 되고 싶다고 했다. 최인규 감독님의 뜻을 알고 있는 나로서는 신상옥을 설득해야 했다. 그래서 "나 같으면 일단 연출부에 들어올거야. 들어온 다음 기회를 봐서 배우를 할 수 있지 않겠어? 여기서 네가 거절하면 기회는 영원히 없어지는 거야. 그러니 다시 한 번 생각해 봐."라고 달랬다. 결국 그렇게 신상옥은 영화계에 입문하게 된다. 그 때 내가 어르고 달래지 않았다면 어찌 되었을까? 돌이켜 보면 극적인 순간들이다.

최인규 감독은 신상옥에게 첫 번째 임무를 수행하도록 지시했다. 〈국민투표〉 홍보 포스터를 신상옥에게 그리게 한 것이다.

나는 최인규 감독의 지시를 전달했다. 신상옥에게 "거리에다 붙일 〈국민투표〉를 홍보하는 포스터를 몇 장 그려 오라고 하셔. 내일 아침 여덟 시까지 그려 와. 내일 여덟 시부터 촬영이 시작되니까." 그렇게 하겠다고 돌아간 신상옥은 다음 날 여덟 시가 넘고, 아홉 시가 지났는데도 나타나지 않았다. 요샛말로 까칠한 최인규 감독, 노발대발 난리가 났다. 최인규 감독님은 공연히 옆에 항상 붙어 있던 나를 걷어차면서 "너 분명히 여덟 시 까지 그려오라고 했어?"하며 소리를 지르셨다. "그렇게 어제 분명히 전달했습니다." "그런데 왜 안 와?"하며 또 걷어차려고 하며 벼락같이 호통을 치셨다. 옆으로 피해 겨우 위기를 모면했다.

이 분 성격을 익히 잘 알고 있던 홍성기 감독은 벌써 저만치 피해 있고, 변인집 촬영 퍼스트는 애꿎은 고가의 미첼 카메라만 꼭 부둥켜 안고 불똥이 튈까 봐 조바심치고 있고…. 아홉 시가 넘어서야 종이뭉치를 들고 휘적휘적 걸어오는 신상옥을 본 최인규 감독님이 버럭 소리를 질러대셨다. 신상옥은 험악한 분위기를 알고는 더 이상 다가오지 못하고 종이뭉치를 땅에다 슬며시 던져 놓고 피해 버렸다.

종이뭉치를 펼쳐 본 최인규 감독님. 턱 보시더니 안색이 변하셨다. "미술 했다는 놈이…. 무슨 포스터가 이래!"하며 영 마땅치 않아 하셨지만, 이제 와서 다른 선택의 여지도 없어 내키지 않는 포스터로 나마 촬영을 진행할 수밖에 없었다.

배우가 되고자 하는 뜻을 굽히지 않고 포스터 그리기에서 꽁무니를 빼던 신상옥 감독이 〈성춘향〉 등의 성공으로 60년대 한국 영화계를 대표하는 영화감독이 되었으니 인생지사 새옹지마라는 생각이 든다.

● 홍성기, 김지미의 〈춘향전〉1961 Vs. 신상옥, 최은희의 〈성춘향〉1961

〈국민투표〉(1948) 이후 〈독립전야〉(1948)라는 영화 역시 미문화원에서 협조해준 미첼 카메라로 동시녹음을 했는데, 최인규 감독님이 직접 주인공 역할을 했고, 여주인공은 최지애, 그 밖에 황남, 전택이 씨 등이 출연했다. 남대문에서 태평로 모퉁이 쪽에 조선영화주식회사 촬영소가 있었는데, 그 안에 스튜디오와 세트를 지어놓고 열흘 동안에 완성했다. 아마도 한국영화 사상 가장 빨리 완성된 작품이 아닌가 생각된다. 그러나 애석하게도 최인규 감독님 작품 중에서 가장 실패한 작품으로 기억된다. 완성도에 있어 최 감독님 작품 중 최하위일 듯하다.

〈독립전야〉가 끝나면서 홍성기 감독이 데뷔 작품을 준비했다. 고아원을 운영하던 황온순 여사가 자신의 자서전을 영화화해달라고 의뢰했고, 제작비 전액을 지원했다. 이렇게 해서 여성 보육가의 실화를 바탕으로 제작된 국내 최초의 컬러영화로 기록되는 16mm 작품 〈여성일기〉(1949)는 뒷날 스타가 된 황정순의 데뷔작이기도 하다.

홍성기 감독은 한국영화 전성기라는 50~60년대 최고의 멜로드라마

감독으로 군림하면서, 한국 멜로드라마의 초석이 되었다고 평가받는 초창기 한국 멜로드라마의 상징적 존재다. 〈별아 내 가슴에〉(1958)를 비롯한 그의 멜로드라마 히로인은 김지미였고, 그동안 영화에서 짝을 이뤄온 당대 최고의 배우 김지미와 결혼하면서 뉴스메이커로 떠오르기도 했다.

그러나 신상옥 감독의 〈성춘향〉과 맞붙어 화제를 모았던 〈춘향전〉이 흥행에 참패하면서 큰 타격을 받았다. 61년 1월에 개봉한 〈춘향전〉과 〈성춘향〉의 흥행대결은 당대의 흥미진진한 화젯거리였다. 두 작품 모두 국내에서 처음 시도된 컬러 시네마스코프 영화이며, 최인규 감독 문하 동인이면서 라이벌격인 홍성기, 신상옥 감독이 각각 자신들의 부인이자 당대 최고의 여배우인 김지미, 최은희를 내세워 만든 영화란 점이 세인들의 관심을 집중시키기에 충분했다. 개봉 전에는 흥행 귀재였던 홍성기 감독의 〈춘향전〉이 더 많은 기대를 모았으나, 뚜껑을 열어본 결과 열흘 늦게 극장에 걸린 〈성춘향〉에 관객이 몰리는 이변을 보였다. 우선 캐스팅에서 주인공 이 도령 역에 신인 신귀식을 내세운 〈춘향전〉이 당대의 스타 김진규를 내세운 〈성춘향〉에 밀렸고, 허장강과 도금봉 콤비가 보여준 코믹한 방자와 향단이가 〈성춘향〉에서 톡톡히 감초 역할을 한 데 비해, 진지한 이미지의 김동원이 연기한 〈춘향전〉의 방자가 어색했던 것도 실패의 주된 이유였다고 생각된다.

어쨌든, 한국 영화계에 전무후무前無後無한 '피 묻은 대결'이라던 춘향 혈투는 홍성기의 참패로 끝났고 이 사건은 홍성기에게는 정신적, 경제적으로 치명적 상처를 남기고 말았다. 1950년대를 기점으로 최인규 감독의 연출부였던 홍성기, 신상옥 그리고 나 정창화는 앞서 거니 뒤서거니 데뷔를 하게 된다. 홍성기 감독이 〈여성일기〉(1949)로 데뷔했고, 신상옥 감독은 〈악야〉(1952)로 데뷔했으며, 나 또한 김성민 감독한테 시나리오를 부탁해서 데뷔작 〈유혹의 거리〉(1950)를 준비 하고 있었다.

The Man of Action 내 영화 인생은 아직 치열하다   제3장

폭격으로 전소된 비운의 데뷔작
유혹의 거리¹⁹⁵⁰ 그리고 국방부 정훈국 촬영대

The Man of Action Chung Chang-Wha

1950년. 어찌 이 해의 의미를 모르는 한국 사람이 있겠냐만 특별히 나에게는 유독 각별한 1950년이었다. 나는 최인규 감독님께 연출수업을 받은 4년여의 조감독 생활을 마치고, 부친을 설득해 제작비를 지원받아 김성민 각본, 신현호 촬영으로 나의 첫 영화 〈유혹의 거리〉를 순조롭게 진행하고 있었다.

배우 조형기의 아버지 조항, 구종석, 전미, 김웅, 염석주 씨 등 당시 한창 잘 나가는 배우들은 거의 모두 출연했고, 양주남 감독이 편집하여 2개월여 만에 마무리되었다. 그러나 녹음을 앞두고 한국전쟁이 발발하고 만다. 설렘과 두려움 그리고 기대감 속에 완성한 내 데뷔작 〈유혹의 거리〉를 서둘러 집 지하에 보관하려 했다. 그러나 우리 집은 폭격에 속수무책으로 허물어졌고, 집 지하에 보관했던 원판 네거필름은 포탄으로 인해 집이 전소되면서 소실되고 말았다. 청년 정창화의 정신과 노동과 정체성의 산물로 선택된 일종의 농촌계몽영화였던 첫 작품 〈유혹의 거리〉는 그렇게 태어나지도 못한 채 사산되고 말았으니, 지금 생각해봐도 애석하기 그지없다.

급박하게 돌아가는 전쟁 중 가슴에 묻은 첫 작품에 대해 망연자실할 틈도 없이 일본대학에서 영화공부를 더 해야겠다고 결심했다. 이제 내가 가야 할 길은 부산에서 일본으로 가는 배를 타는 길뿐이었다.

도보로 부산을 향해 남하하는 피난길은 하룻밤 민가에서 숨어서 자면 벌써 국군은 밀려가고 북한군이 점령하는 식이어서 숨 막히게 위험한, 목숨을 건 숨바꼭질하는 양상이었다. 그러던 중 성환에서 무장을 한 민청원에게 붙잡히고 말았다. 간첩으로 몰려 근처의 쌀 창고로

끌려 들어갔다. 쌀 창고 안에는 차마 눈뜨고 보지 못할 참혹한 광경
이 펼쳐져 있었다. 그 안에는 이미 재판도 없이 끔찍하게 처형된 민간
인들의 시체가 10여구 내동댕이쳐 있었다. 나 또한 꼼짝없이 총살을
당하려는 순간이었다. 죽음을 목전에 두고 두 눈을 질끈 감으니 내 파
란 많은 인생이 한편의 파노라마처럼 흘러갔다. 혼비백산 반쯤 혼이
나간 상태에서 가족과 친구들에게 잘못한 순간들이 빛의 속도로 명멸
했다. 혼미한 속에서 그 순간들을 후회하며 '다시 살아난다면 잘해 줘
야지…' 하는 생각뿐이었다. 아무 생각이 없는 것과 셀 수 없는 생각들
이 혼재하는 것은, 같은 양상의 다른 표현인지도 모르겠다. 극도의 두
려움은 이 둘을 공존하게 한다.

몽롱하게 의식을 잃어가던 내 귀에 어딘지 익숙한 목소리가 꿈인지
생시인지 몽환적인 상태에서 들려왔다. 내 앞에 의용군 1소대를 인솔
하고 전선으로 가던 대장이 나타난 것이다. 어쩐지 그 대장의 목소리
가 귀에 익어 겨우 의식을 모아 눈을 들어보니, 중학교 때 경제를 가
르쳐 주셨던 고재경 선생님이셨다. 두려움에 가득 차 엉겁결에 "고재
경 선생님!" 하고 외치니 놀란 선생님이 "웬일이냐" 하면서 다가오셨
다. 목이 멨지만 본능적으로 살 수 있다는 희망에 매달려 젖 먹던 힘
까지 목소리에 실어 내질렀다.

"억울하게 간첩으로 몰려 총살당할 위기입니다." 했더니 선생님께서
는 민청대원을 향해 "너희가 인민재판도 없이 처형을 할 수가 있어?
애는 내 제자인데 간첩질을 할 아이가 아니야. 내가 데려 가겠다!"라
고 소리를 치셨다. 이렇게 선생님 덕분에 구사일생으로 목숨을 건지게

되었지만 의용군 참전을 권하는 선생님의 뜻을 따를 수는 없었다. 선생님께는 어머니를 찾아서 집에 보내드리고 참전하겠다고 간청 했다. 선생님은 사실 의용군 참전을 원하지 않는 내 의중을 알고 계셨기 때문에, 겉으로는 짐짓 모르는 척 보내 주셨고 그렇게 해서 나는 천신만고 끝에 목숨을 부지 할 수 있었다. 이 이야기는 후에 김성민 감독이 자료를 제공하여 일본의 주간 〈요미우리讀賣〉에 기사화된 바도 있다.

● 전쟁의 포화 속에 소실된 나의 첫 영화 〈유혹의 거리〉

　전쟁은 이미 드라마보다 더욱 드라마틱할 수밖에 없다 보니, 뜻밖의 사건과 인연들이 곳곳에 포진하고 있어 예측을 불허했다. 그 예측불허의 전시상황은 계속된다. 일본행 배를 타기 위해 부산을 향해 다시 남하를 계속하던 중, 우연히 대구에서 국방부 정훈국 촬영대에 입대하게 된 것이다. 대장 윤봉의 소령 휘하에서 나를 위시한 여러 촬영기사가 전선 뉴스를 찍었다. 김종환, 김강위, 김덕진 촬영기사들이 최전방에서 〈정의의 진격〉(1951) 이라는 기록영화 촬영에 참여하고 있었고, 나는 강원도 정선 창녕지구 9사단으로 파견되었다. 강원도 골짜기에서 전투가 한창인 어느 지독하게 추운 겨울밤, 파견지에 도착했다. 선임하사 이유동 촬영감독이 어디서 구해 왔는지 소고깃국과 따뜻한 밥을 접대하며 반갑게 환대해주었다. 따뜻한 식사와 환대로 몸을 녹이고 휴식을 취한 후 9사단 정훈 부장 김 대위와 "내일은 작전참모본부에 가서 거기 상황을 기록하도록 하자."하고 취침에 들어갔다.

새벽 4시쯤이었다. "포위당했다."는 단말마의 외침에 황급히 눈을 뜨고 나가 보니 하얀 눈이 쌓인 능선 너머 새까맣게 개미떼 같은 중공군이 꽹과리를 치고 피리를 불고 함성을 지르면서 산에서 내려오고 있었다. 이미 사단장, 군사고문관, 작전참모부 장교들은 보이지 않고 사단이 완전히 와해돼 버린 상태였다. 남아 있는 사병들은 작전장교도 아닌 정훈대 장교의 지시만 기다리고 있는 난감한 상황. 마침 대전차포를 싣고 지나가던 수색대장이 정훈 부장과 나에게 "타십시오!" 하니 우리보다는 여기 부상병이 많으니까 부상병을 태워야 한다고 설득해 부상병들을 트럭에다 잔뜩 태우고 정훈 부장과 나는 포신에 간신히 매달려 후퇴했다. 천행이라며 한숨을 돌리는데 돌연 트럭에서 연기가 났다.

그때는 부동액이 없어 밤에 물을 빼놨다가 아침에 물을 붓던 시절인데, 중공군 기습에 혼이 나갔던지 당황한 운전병이 아침에 물 붓기를 잊어버려 엔진이 타버린 것이다. 눈물을 머금고 어찌할 수 없는 부상병들을 뒤로 한 채 트럭에서 내려 다시 퇴각해야 했던 기억은 지금도 마음이 아프다. 식량이라고는 군복 옆 건빵 주머니 양쪽에 있던 두 봉의 건빵과 물이 전부였던지라, 건빵과 물로 배를 채우며 원대로 복귀하려 길을 걸었다.

충주를 향해 3일 정도를 도보로 넘어가는 길이었다. 원대 복귀 중 내가 만난 국민방위군은 강제 징집당한 어린 청소년들이 대다수였다. 1951년 1월 후퇴작전 때 제2국민 병으로 편성된 국민방위군의 고급 장교들이 국고금과 군수물자를 부정처분하여 착복함으로써 아사자餓

死者와 동사자凍死者가 속출했는데, 사망자 수만도 9만여 명에 이르렀다고 한다. 그 굶주리며 죽어가던 국민방위군을 맞닥뜨린 것이다. 국민방위군이 지나가던 충주 외곽지대에 피골이 상접한 할머니가 인절미를 팔려고 나와 계셨다. 할머니의 떡판은 눈앞에 보이는 것이 없는 굶주린 국민방위군에게 처참하게 약탈당하고 만다. 그 광경을 목격하고는 차마 외면할 수 없어, 방위군 소위였던 소대장을 나무랐지만 내 힘은 역부족이었다. 울며불며 원통해 하는 할머니에게 대신 사과하는 것밖에는 방법이 없었다. 군복을 입고 후퇴하는 중이었으니, 방위군의 잘못은 곧 내 잘못 같아 어쩔 줄을 몰랐다.

국민방위군 사건은 후에 방위군 사령관이 총살당하는 큰 사건이었는데, 후일 유현목 감독도 이때 국민방위군으로 강제징집 당했다가 방위군이 해체되면서 내 조감독이 되는 인연을 맺었으니, 전쟁이라는 모순투성이 기반 속에서 만들어지고 해체되어 버린 국민방위군이라는 존재감은 내게 남다르다고 할 수 있다.

잔혹한 생존만 있는
전시에 영화를 만든다는 것의 의미:
최후의 유혹1954

The Man of Action Chang Chang Wha

국민방위군의 떡 강탈 장면을 목격하면서, 전쟁에 대해 만감이 교차했다. 본능과 생존, 그것을 위해 인간이 얼마나 잔혹해질 수 있는가 하는 회의, 그리고 이 모든 것을 뛰어넘는 인간의 존엄성은 과연 무엇일까…. 훗날 폴란드 출신의 세계적인 영화감독 로만 폴란스키*Roman Polanski* 감독의 영화 〈피아니스트〉(2002)를 보다가 문득 이 장면이 '캐러멜 성찬식 장면'과 부딪치며 영화 속 한 몽타주(여러 화면을 이어 붙여 특정한 이미지를 만들어내는 영화 기법)처럼 느껴지기도 했다. 1939년 폴란드 바르샤바를 배경으로 나치군에 의해 처참하게 짓밟히고 절망하는 유대인의 모습이 그려지는 이 영화는 유대계 피아니스트 블라디슬로프 스필만*Wladyslaw Szpilman*의 치열한 생존과 그 끝에서 겨우 버텨 냈던 끈질긴 예술혼을 병치시킨다. 짐승처럼 죽어갔고, 짐승처럼 인간을 죽이던 홀로코스트의 잔혹함과 쇼팽의 야상곡이 흘러나오는 몽환적 현실의 충돌. 전쟁의 광기와 극단적 공포. 그런데도 독일인과 유대인이 함께 느끼는 피아노 선율의 아름다움이 빚어내는 아이러니.

　주인공 스필만과 그의 가족은 처형 기차에 오르기 직전, 있는 돈을 모두 모아 캐러멜 한 개를 산다. 면도칼에 잘린 작은 캐러멜은 부스러기로 조각나고 말지만 캐러멜 성찬식은 성스러운 최후의 만찬답게 숙연하기만 하다. 이 캐러멜 성찬식과 떡을 강탈하던 국민방위군의 굶주린 모습은 내 마음속에 평행편집(서로 다른 두 장면을 엇갈리게 보여 주는 영화 편집 기법)되면서 전쟁의 참혹함과 잔인함, 그리고 그 와중에도 살아남는 예술혼과 인간됨의 정체성, 전쟁으로 인해 드러나게 되는 인간의 본능 등을 화두로 던졌다. 전쟁 중에 피아니스트라는 존재감으로 구사일생 생명을 유지하게 되는 나약해 보이기만 하는 스필만은 예술 속에서 누구보다 강인했다. 내가 겪어 낸 전화戰火 속 영화도 그러했다는 생각이 든다.

전쟁 중 영화를 한다는 것이 일견 나약한 예술인의 현실 도피적인 모습으로 비칠 수 있다. 그러나 난 영화를 통해서, 그리고 영화 속에서 그 어느 때 보다도 또렷하게 현실을 인식할 수 있었다.

● 절망을 견디려 다시 영화 제작으로

중공군에 쫓기며 남하하다 3일 만에 구사일생 대구로 돌아왔다. 원대 복귀한 대구에서 기다리고 있는 편지는 동생의 전사 통지서였다. 불운하게도 본의 아니게 북한 의용군이 되었다가 다시 국군이 되면서 군복을 두 번 바꿔 입었던 두 살 아래 동생. 결국, 제 명에 살지도 못하고 전사를 한 기막힌 현실에 가슴이 터지는데, 전사 통지서는 단지 '강원도 무명산 전투에서 전사했다' 라는 내용만을 담고 있었다. 군번도 계급도 없이 그렇게 전사한 동생을 안장하기 위해 국방부, 육군본부 등을 쫓아다녔지만 찾을 길이 없었다. 그 후에도 오랫동안 손닿는 모든 곳을 수소문했고 세월이 흘러 컴퓨터 조회도 했지만, 시신을 찾지 못하다가 50년만인 몇 년 전에야 동작동 국립현충원에 안장됐다는 것을 알았다. 처남이 컴퓨터의 첨단 검색 도구를 활용해 찾아낸 동생의 동명인이 여섯 사람이었다. 그중 한 명의 주소가 '중구 초동 105번지' 였다. 폭격에 전소되고 말았던 우리 집 주소. 가슴이 메여 왔다.

'화불단행'禍不單行(화가 하나로 그치지 않고 잇달아 옴을 이르는 말, 불행한 일이 겹치는 경우)이라 했던가. 동생 전사소식에 망연자실하던 차에 부모님이 부산 다대포에서 조난을 당하셨다는 비보를 어처구니없게도 신문을 통해서 알게 되었다. 남의 일처럼 별 생각 없이 보던 신문 기사 중 배 조난 사건 명단에 부모님 이름이 있었다. 기가 막혔다.

다대포에 육군병참학교가 있는데 그곳 교장이 내 맨 위 누이동생의 남편, 내겐 매부 되는 분이었다. 아버님은 부산에 사업체를 옮겨 놓고 어머님과 사위 보러 간다고 배를 타러 갔다가 조난을 당한 것이다. 시신도 못 찾고 집에서 기다리는 누이동생들에게 가봐야 했다. 황망히 집에 돌아가 보니 졸지에 고아가 된 여덟 살, 여섯 살 누이동생들이 험한 전쟁터에서 굶주리며 내동댕이쳐 있었다. 내가 어린 동생들을 부양해야 했다. 정훈국 촬영대장 윤봉의 소령에게 "집안이 이런 꼴이 되었으니 난 장남으로서 동생들을 부양할 책임이 있다"고 말했고, 내 딱한 사정이 반영돼 1년 반 정도의 군 생활을 접게 됐다.

제대 후 어린 동생들을 데리고 부산에서 하루 한 끼를 먹으며 목숨을 연명했다. 옷은 단벌이라 밤에 빨아 말려서 아침에 입었다. 피난처 생활이 모두 다 그랬지만 견디기 쉽지 않은 힘든 나날이었다.

그러던 중 영도 쪽에서 아버님 시체가 떠올랐다는 연락이 왔다. 찾아가 보니 누군가 떠다니는 아버님 시신을 건져서 안치해놓았다. 그나마 불행 중 다행이었다. 아버님을 절에다가 모실 수 있었으니 감사할 따름이었다. 다만 어머님 시신은 그 후 지금까지 못 찾고 있으니, 그 생각만 하면 늘 뜨거운 돌멩이를 삼킨 것처럼 가슴이 마냥 먹먹하다. 얼마 뒤 아버님 회사에서 회사를 정리한다는 연락이 왔다. 변호사가 "회사 정리 뒤 남은 상속금이 있다."고 했고, 나는 그렇게 선친이 남긴 상속을 받게 됐다. 그때는 너나 할 것 없이 모두가 굶다시피 살때였다. 상속금으로 생활에 숨통이 트였다. 부모님은 돌아가셨지만 동생들을 부양할 수 있게 된 것이다. 상속금으로 궁핍한 생활을 면하고 그냥 어떻게 좀 살았어야 했는데 제정신이 아닌 열혈 영화청년은 찢어지게 가난한 생활을 청산할 생각은 않고 다시 영화 만들 생각에 마음이 바빠졌다. 영화를 하던 사람이니 '데뷔작품을 만들어야 되겠다.'는 생각이 슬며시 고개를 들었다. 그 고생스런 피난 와중에 어쩌자고 그랬는지 모를 일이다. 아무도 영화를 제작할 엄두를 못 내던 전시에 〈최후의 유혹〉(1954)의 시나리오를 쓰기 시작했다. 영화인들 중에 겨우 살아서 부산에 피난 나온 사람들은 그날그날 살아가기가 버겁기만 했다. 부산은 먹고 생존하기조차 힘든 고단한 피난터였다. 그런데 엉뚱하게도 영화를 제작하겠다 하니 이상하게 보는 것이었다. '이 피난 와중에 무슨 영화를 제작한다고 그러느냐.' 가까운 지인들이 극구 만류를 했다. 윤일봉과 조항, 이민자, 이택균, 구종석 등 당시 피난 온 배우들 모두 입을 모아 나를 걱정해줬다. 영화 〈피아니스트〉의 피아니스트 스필만이 피아노 연주를 통해 전쟁의 참혹함을 견뎌 내었다면, 나는 영화 제작을 통해 절망적인 상황을 살아내고자 했던 것 같다. 극단적인 절망이 만들어낸 아이러니라 하겠다. 어쨌든 난 미치광이 취급을 받으면서도 차근차근 〈최후의 유혹〉 제작을 진행시켜 나갔다.

어느 날 배우 윤일봉이 엉클어진 장발에다 유난히도 남루한 복장을 한 청년을 데리고 왔다. "누구야? 이 젊은이?"라고 물었더니 동국대 재학 중에 〈해풍〉이라는 단편 실험영화에 출연했던 사람이라고 소개했다. 그 영화에 윤일봉이 후시녹음을 해 준 인연으로 내게 그 청년을 데려온 것이었다. "저는 유현목입니다. 국민방위군에 끌려갔다가 부정 사건으로 방위사령관은 총살되고 방위군은 해산되어 이제 오갈 데도 없는데 마침 영도다리에서 윤일봉 선생님을 만났습니다. 무엇이든 좋으니 일을 하게 해 주십시오." 그렇지 않아도 국민방위군들이 얼마나 처참하게 굶주리며 고생했는지 목격했던지라 시나리오를 쓰고 연출까지 했던 이 청년을 외면할 수 없었다. 윤일봉의 부탁도 있고 또 마침 옆에서 일을 거들어 줄 사람도 필요했다. "그러면 내가 책(시나리오)을 쓰는데 같이 좀 옆에서 받아쓰고 정리도 해라." 하고 수락했다. 이렇게 리얼리즘 혹은 문예영화로 한 시대를 풍미했던 〈오발탄〉(1961)의 유현목 감독은 이런 나와의 각별한 인연을 통해 영화계에 발을 내딛게 된다.

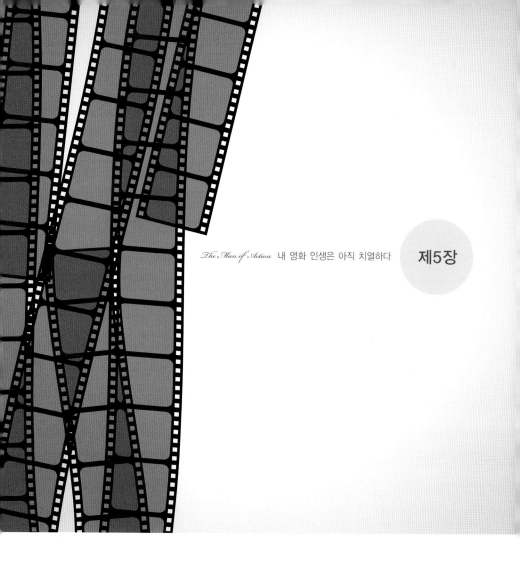

세상과 조우한 내 첫 작품 최후의 유혹¹⁹⁵⁴과
유현목 그리고 절구통 사건

The Man of Action Chung Chang Wha

창졸지간에 부모를 잃은 내게 주어진 상속금은 내 첫 작품이 된다. 삶과 죽음의 아이러니이고 어찌 보면 순리인 듯도 하다. 한 세대는 죽고 다음 세대는 자라서 앞 세대를 계승한다. 먼저 죽은 세대는 다음 세대의 자양분이 되니 피상적으로는 삶과 죽음이 전혀 다른 모습을 하고 있지만 내적으로는 '영원한 삶'을 영속하는 것이다. 모습을 달리한다고 본질이 변하는 것은 아니다. 삶과 죽음은 다른 모습이지만 동질의 '영원'성을 가진다. 부모님의 상속금은 내 영화로 거듭 태어났고, 재가 돼 버린 〈유혹의 거리〉(1950)도 〈최후의 유혹〉(1954)으로 부활하게 된다. 〈최후의 유혹〉(1954)은 폭격으로 산화돼 버려 가슴에 묻은 첫 작품 〈유혹의 거리〉(1950)에 대한 보상이라도 되고 싶었던 듯 전화 속 피난 터에서 만들어지게 된다.

〈최후의 유혹〉은 유현목의 도움으로 무사히 탈고하게 된다. 이 영화를 위해 조감독으로 박승복(KBS PD로 은퇴), 서석주(KBS PD로 은퇴), 유현목을 기용했다. 유현목에게는 〈최후의 유혹〉이 영화계 입문작이 됐다. 출연자는 윤일봉, 조항, 독우영, 이택균, 여배우 이민자 씨 등이었고 촬영은 김명제 기사가 맡았다. 목욕탕을 빌려서 이경순 씨가 녹음을 했고 김봉수 씨가 현상, 김형근 씨가 현상 프린트를 했다. 적은 제작비로 완성하기 위해 부산 남포동 거리와 다대포에서 올 로케이션*All Location*으로 촬영했다. 뼈아픈 아버지의 유산으로 제작한 이 작품은 부산 부민관에서 개봉하였으나 피난 와중인지라 관객이 없어 흥행에 참패하고 만다. 부친이 남긴 유산은 내 첫 작품과 함께 그렇게 사라지게 된 거다. 그러나 피상적인 죽음이 본질적인 죽음이 아니듯이 겉으

로는 의미 없이 사라진 유산과 흥행 참패로 끝난 첫 극장 개봉 영화
는 내 손에 절망감만을 안겨주지는 않았다. 이 영화를 토대로 나는 데
뷔라는 통과 제의를 거쳐 영화감독으로 비로소 거듭날 수 있었고 전
후에 바로 다음 영화를 착수할 수 있는 기반을 만들어 주었다. 더불어
유현목은 이 작품을 시작으로 한국영화의 한 주축을 형성하는 계기를
마련했으니, 〈최후의 유혹〉이 아무 의미 없이 사라졌다고 생각지는 않
는다. 본질적으로 영화를 통한 영속성의 토대가 만들어진 것이다.

● 유현목 감독과 얽힌 포복절도 야사

유현목은 훗날 문예영화를 많이 만들어 우수영화 전문 감독이 되었
고, 〈오발탄〉(1961)으로 한국영화의 중흥기를 불러왔다고 평가받았
다. 이뿐만 아니라 사회 고발적인 비판의식, 이념 갈등, 구도와 신앙의
본질 문제 등 진지하고 장중한 주제 선택과 사회 비판을 위한 도구로
서의 영화관, 세련된 연출 솜씨로 '한국영화의 거목'이라는 별칭을 받
은 감독이 된다. 그런 무게감 때문에 유현목의 이면을 볼 수 있는, 말
그대로 한국영화 '야사野史'가 될 수 있는 일면을 들춰 보는 것도 흥
미롭다고 생각한다. 그는 익히 알려 졌듯이, 평생 술 좋아하고 담배
좋아하고 여성을 좋아했다. 〈최후의 유혹〉을 다대포에서 촬영할 때
민박집에서 머물며 촬영을 진행하는 데 유현목 때문에 여러 번 재미
있는 에피소드를 겪게 됐다.

다대포에서 배를 타고 부산으로 나가는 배 위에서의 일이다. 당시

저고리 밖으로 젖가슴을 내놓은 애기 엄마들 사진이 지금은 간혹 신기한 인류학적 연구 대상처럼 호기심 혹은 학문적 차원에서 전시되곤 하는데, 그런 일이 불과 몇 십 년 전만해도 특별할 것도 없고 아무렇지도 않은 흔한 일이었다. 아기 젖 먹이랴 머리에 무거운 짐을 올려놓으랴, 손은 쉬지 않고 뭔가를 다듬고 일을 하며 쉬지 않던 시절이었다. 먹고살기 바빠 젖가슴은 저고리 바깥으로 내놓다시피 하여 아기들이 배곯지 않게 하는 것이 당시 아낙네들에게는 너무나 당연한 일이었다. 배 위에서 커다란 들통에 생선을 넣어 파는 아낙네들의 젖가슴도 여지없이 무방비 상태로 노출되어 있었는데, 나와 나란히 갑판에 앉아 있던 엉뚱한 유현목이 그만 한 여인의 젖가슴을 만지고 만다. 놀라 기겁을 한 아주머니한테 한 대 거칠게 얻어맞았고 배 안은 순식간에 아수라장이 돼 버렸다. 명색이 최고 책임자인 감독인 내가 사태를 수습해야만 했다.

"아, 죄송합니다. 이 사람 그렇지 않아도 정신이 이상해서 지금 정신병원에 데려가는 중이니 좀 양해해 주세요" 하고 미친놈 취급을 해서 임기응변을 발휘해 겨우 위기를 모면했던 기억을 떠올리면 지금도 웃음이 나온다.

또 한 번은 이런 일이 있었다. 그때 그 시절, 가난하던 전후의 폐허에서는 누구라 할 것 없이 모두 단벌 신사였다. 밤에 세탁해서 아침에 차려입고 촬영장으로 나서는 건 다반사였다. 그런데 어느 날 촬영이 시작되었는데도 유현목이 현장에 나타나지 않았다. 서석주 조감독에게 그를 데려오라고 보냈는데, 서석주는 혼자 돌아와 데굴데굴 구르며 웃음만 터트렸다. 무슨 일인가 하는 생각에 유현목이 머물던 방문을 열어보니 가관도 그런 가관이 없었다. 빨간 목도리를 기저귀처럼 차서 아랫도리에 두르고, 알몸에 넥타이만 한 채 가부좌를 하고 눈을 감고 있는 모습이란. "왜 촬영 시간에 안 나오고 그러고 있느냐"고 묻자 그는 "널어놓은 옷이 마르길 기다리고 있다"고 천연덕스럽게 대답했다.

우린 포복절도 抱腹絶倒 하고 말았다. 지금도 궁금한 건 '왜 넥타이는 두르고 있었는가?' 하는 점이다. 그만큼 그는 괴짜였다.

그를 아무리 괴짜로 친다 해도 도저히 짚고 넘어가지 않을 수 없는 일화가 또 있다. 다대포에서 〈최후의 유혹〉 촬영을 위해 민박하던 당시 우리가 묵은 민박집 노인 내외가 아침마다 보리쌀을 절구에 넣어 도정해서 밥을 지어 주었다. 하루는 아침에 밥을 지으려고 보니 절구통에 물이 고여 있었다고 한다. 비도 안 오는데 웬 물이냐고 고개를 저으며 행주로 절구를 닦아내던 주인 할머니는 이내 기겁을 하고 말았다. 지린내가 진동하는 것이 누가 절구통에 소변을 본 것이 틀림없다는 것이다. 결국 아무도 자백하지 않았고 누가 범인인지 알 수 없는 채로 아침마다 절구통에 소변이 고여 있기를 거듭했다. 하는 수 없이 주인 할아버지가 밤새 절구통을 지키기 위해 방안에서 마당을 엿보니 새벽녘 유현목이 어슬렁어슬렁 걸어 나와 절구통 안에 시원하게 소변을 보았다고 한다. 정작 당사자인 유현목은 전혀 눈치채지 못하고 있었으니, 유현목 본인도 인정했듯이 몽유병이 조금 있지 않았나 하는 생각이 든다. 유현목은 집안 내력이 좀 있다면서 형도 정신질환이 있어 고생한다고 얘기하곤 했다.

영화 〈미몽〉(1936)의 감독이자 당대 최고의 대배우셨던 이금룡 선생님도 유현목의 재미있는 일화를 전해 주었다. 촬영 때문에 시골 여관에서 유숙하는데, 당시에는 흔히 그러했듯 이금룡 선생님과 유현목은 한 이불을 덮고 잤다고 한다. 그런데 한밤중에 유현목이 이금룡 선생님의 얼굴을 더듬었다고 한다. 다음은 가슴을 더듬고 차츰 아래로 손이 내려오더니 아랫도리까지…. 그러고선 유현목은 갑자기 눈을 번쩍 뜨며 이금룡 선생님의 이마를 "탁" 쳤다고 한다. '자다가 봉창 두드린다'란 우리 속담이 이런 상황을 두고 한 말이 아닌가 하며 이금룡 선생님은 애꿎은 이마를 쓰다듬으며 억울해하셨다고 한다. 동침한 이가 여성인 줄 알고 더듬다가 남성임을 깨닫고선 깜짝 놀라 하늘같은 선배의 이마를 후려친 것이었다. 늘 여성의 손길을 그리워하던 외로운 감성이 느껴져 애틋하다. 장중한 주제의식으로 일관하던 한국영화의 거목 감독에게도 남모를 외로움이 있었던 것이리라.

그러나 비단 유현목뿐 아니라 영화인 누구나 전쟁의 와중에 '참을 수 없는 존재의 외로움'을 계속 느꼈을 것이다. 당시 그 외롭고 춥고 가난하던 배곯은 영혼들은 종전과 함께 환도하여 명동의 모나리자 다방에 모여들게 된다.

모나리자 다방에서 시작된 충무로, 영화의 거리:
조병화 시, 김지미 주연 사랑이 가기 전에[1959]부터
최초의 팜므파탈 장희빈[1961]까지

The Man of Action Chung Chang-Wha

명동 모나리자 다방은 전후 상실감과 절망에 빠진 문학인, 예술인의 도피처였다.(후에 모나리자 다방은 단순 고유명사가 아니라 이런 전후의 분위기를 껴안으며 도피처를 의미하는 보통명사가 된다.)

김동리 작가, 조병화 시인, 박인환 시인 등 당대의 작가들, 시대의 전위에서 국가의 미래를 토론하는 지식인들, 여러 예술인이 매일 모여서 시간을 보냈다. 우리 영화인들 역시 그 모나리자 다방에 모여 공존하고 있었다. 모두가 궁핍한 시절, 낮에는 다방에서 커피 한 잔에 마음을 적시고 저녁때만 되면 없는 주머니 털어 술로 위로를 삼으며 하루하루 암울한 현실을 견뎌 내던 시절이었다. 모나리자 다방에서 동고동락하던 조병화 시인의 동명 시로 김지미 주연의 〈사랑이 가기 전에〉(1959)를 만들게 된 인연이 시작된 곳도 그곳이다. 때론 퇴폐적 낭만주의에 젖어 커피와 술만 죽이던 모나리자 다방 시절조차도 지나고 보니 고향처럼 아련하고 따뜻한 향수가 되었다.

조병화 시인의 시집 『사랑이 가기 전에』(1955, 정음사 발행)는 시집으로는 최초라고 할 수 있으리만큼 대단한 대중적 반향을 일으켰다. 이후 국내 출판계에 연시 형식 시집의 베스트셀러 진입 전통을 세운 시대의 히트작이다. 시를 주제로 만든 동명의 영화 〈사랑이 가기 전에〉(1959)는 김지미, 황해, 문정숙, 김동원, 한은진이 출연했다. 이 작품은 우리나라 최초로 시詩를 타이틀로 한 영화로 평가되며, '신선한 감각과 새로운 모럴'이라는 호평을 받았다. 박춘석이 영화음악을 맡았고, 김지미와 문정숙의 신선한 연기가 돋보였다.

황해가 제3한강교에서 오토바이를 타고 서울 시내로 들어가는 장

〈사랑이 가기전에〉 1959년, 황해, 문정숙, 김동원, 한은진, 김지미, 김승호

면이었다. 그 당시에는 노량진에서 서울 시내로 왕래하는 전차가 있었다. 테스트 때는 별 일 없이 잘 됐는데, 촬영에 들어가자 오토바이를 탔던 황해가 과속을 하게 됐고, 오토바이가 전차 레일에 걸려 넘어지면서 뒷좌석에 탄 김지미가 얼굴을 아스팔트에 깔고 한 15m 이상 미끄러졌다. 중상이었다. 뛰어들어가서 안고 보니 얼굴하고 코가 완전히 없다시피 끔찍하게 부상을 입었던 것이다. 아스팔트에 얼굴을 밀고 갔으니 피부가 파열될 대로 파열됐다. 김지미를 안고 차에 올라 을지로 6가 병원으로 달렸다. 그때 상황으로는 가망이 없어 보였다. 지금처럼 성형수술이 발달해 있을 때도 아니었다. 도저히 여배우로 다시 생명을 이어가기는 힘들 것이라 생각했다.

응급실에서 다섯 시간 이상 수술을 받았는데, 수술 후 입원실에서 보니 숨만 쉴 수 있을 정도로 붕대를 칭칭 감아 놓았다. 수술한 담당 의사한테 물었다. "좀 어떻습니까?" 했더니, "어느 정도 가능성은 있다"고 답했다. 천만다행이었다. 의사는 "수술을 여러 번 해야 될 것"이라고도 말했다. 당시 아마 3개월 정도 입원한 것으로 기억한다. 그동안 몇 번 수술하고 나서 한국에서는 온전히 제 얼굴로 돌리기가 힘들어 일본으로 건너갔다. 일본 유명한 성형외과 병원에서 재수술을 받고 돌아와 천신만고 끝에 〈사랑이 가기 전에〉를 완성했다.

◦ 1대 장희빈, 김지미가 탄생하는 순간

지금 돌이켜 생각해 봐도 당시 영화인들의 영화에 대한 열정은 무모할 정도로 대단했다. 그 일이 있고 난 후, 김지미와는 인간적으로 막역한 사이가 되었다. 다른 사람 같으면 비록 사고라 할지라도 그 상황에 대해 원망도 했겠지만 작품을 위해 끝까지 최선을 다했으니 고마울 따름이었다. 사적으로는 친구 홍성기 감독의 부인이기도 했으니, 나 역시 촬영을 중단하고 병원에서 살다시피 극진히 돌봤다. 지금도 로스앤젤레스에 사는 김지미 씨와 만나면 열정 가득했던 옛날 그 시절 얘기를 하곤 한다. 그때의 두터운 신뢰를 바탕으로 김지미와는 〈장희빈〉(1961)에서 다시 호흡을 맞췄고, 결과는 기대 이상으로 만족스러웠다.

〈장희빈〉은 화성영화사에서 감독을 의뢰했었는데 스카라 극장에서 추석 개봉 예정으로 이미 날짜가 확정된 상태였다. 촬영 기간이 얼마 없었는데 제작자 쪽에서 여주인공을 도금봉으로 해서 장희빈 역할을 했으면 좋겠다고 요구했다. 도금봉은 당시 신상옥 감독 전속이었다. 신 감독을 찾아가 "도금봉에게 장희빈 역할을 좀 시켰으면 좋겠다"고 부탁했다. 신 감독이 거절했다. "현재 하는 작품이 없으면 출연할 수 있는 것 아니냐"고 했더니 "도금봉도 작품을 준비하고 있다"고 신 감독은 말했다. 추석 개봉에 맞춰야 하니 마음은 바쁜데, 제작자가 요구하는 주인공을 캐스팅할 수 없어 난감했다.

여러모로 고심하다가 여주인공에 대해 달리 생각해보기로 했다. 이 기회에 기존의 제작자가 바라던 요부의 이미지인 도금봉 장희빈을 버리고, 장희빈의 이미지를 창조적으로 재해석해 보기로 한 것이다. 이른바 팜므파탈Femme fatale의 이미지였다. '치명적인 아름다움'이라

朝鮮王朝의 波瀾萬丈한 歷史를 그린 大河 歷史大作

張禧嬪

華盛映畵社·作品
製作 李華龍·監督 鄭昌和

〈장희빈〉 1961년, 김진규, 김지미, 김동원, 황정순

정의되는 영화 속 여성 이미지다. 즉 아름답지만 운명적으로 악할 수밖에 없어서 미워할 수 없는 이미지 말이다. 그때 김지미가 떠올랐다. 팜므파탈 이미지를 위해서는 '도금봉보다는 차라리 김지미가 나을 거다' 생각을 하고 회사 측에 얘기했다.

"도금봉은 도저히 안 되니까 차라리 김지미를 장희빈 역할로 하자. 그 역으로 가는 게 오히려 더 효과가 있을 거다." 설득은 통했고 마침내 김지미 주연의 〈장희빈〉 촬영에 들어갔다. 이때는 이미 촬영 기간이 딱 한 달밖에 남지 않아 밤낮으로 촬영해 스태프와 연기자들이 고생을 많이 했다. 김진규, 조미령, 김승호, 최남현, 허장강, 장동휘, 황해, 윤인자, 남미리, 정애란 등 당대의 명배우들과 스태프들이 비원에서 날밤을 세우며 개봉 날짜를 맞추느라 고군분투했다. 정애란이 어머니 역할, 장동휘가 오빠 장희재, 조미령이 중전, 김승호는 중전을 옹호하던 가신 역할을 했다.

김승호와 황해가 유배 가는 장면을 반포동과 동작동 갈대밭에서 촬영했다. 그 당시 반포동, 동작동은 온통 갈대밭이었고, 집 한 채 없던 황무지였다. 갈대밭에 트럭을 몇 번 왔다 갔다 하게 해서 길을 만들었다. 갈대밭 가운데 고목이 하나 덩그러니 서 있는데, 유배 가는 사람의 분위기를 묘사하기에 아주 절묘하게 들어맞는 자연스러운 소품이었다. 갈대를 끼고 고목이 서 있는 미장센*Mise-en-Scène* (연극 연출가가 무대 위의 모든 시각적 요소들을 배열하는 행위로 장면화*putting into the scene*라는 의미의 프랑스 용어)만으로도 흡족한데, 동가홍상同價紅裳(이왕이면 다홍치마) 격으로 때마침 처연한 구슬 비에 천둥과 번개까지 치는 것이었다. 찰나의 우연성이 최적의 상황으로 연출되고 있었다.

　슈팅 중 번개가 치니 김승호 씨가 겁을 내고 주춤거렸다. "뒤돌아보지도 말고 그냥 천둥이 치면 하늘만 쳐다봐라. 원망하듯이!" 하며 냅다 소리를 질렀다. 동시녹음이 아니었으니까 소리 질러 연기를 속계시키던 중 마침내 벼락이 고목을 쳤다. 우연하게도 화룡점정畵龍點睛까지 하늘로부터 선물 받게 됐다. 그러나 애석하게도 고목이 벼락에 맞고 나무가 꺾이는 장면에서 그만 김승호가 털썩 주저앉고 말았다. 짜 맞추듯 절묘할 수 있었던 장면을 그만 놓쳐버린 것이다. 그 상황에서 그냥 주저앉아 버리다니…. 결국 그 아름답고 의미심장한 장면은 못 쓰게 돼 버렸다. 그 장면은 정말 돌아보기도 아까운 장면이다.

　우여곡절을 거쳐 마침내 무사히 〈장희빈〉(1961)이 추석 개봉에 맞춰 개봉되었다. 이후 숱하게 영화와 드라마로 나오게 되는 그 많은 장희빈 중 최초의 장희빈이 탄생한 순간이었다.

연못에 빠져 죽을 뻔한 대배우 석금성의
장화홍련전¹⁹⁵⁶과 표현주의적 특수효과

연못에 빠져 죽을 뻔한 대배우 석금성의
장화홍련전[1956]과 표현주의적 특수효과

The Man of Action Chang Chang-Wha

영화〈장희빈〉의 초대 '장희빈'이 된 김지미는 이후 영화와 드라마 속에서 수없이 장희빈 이미지의 변주와 재평가가 이뤄졌음에도 명실 공히 최고의 장희빈이라고 할 수 있겠다. 여러 영화와 드라마에서 반복적으로 그려진 장희빈의 악녀 이미지와는 처음부터 차별적인 이미지로 접근했기에 가능했던 일이다. 나는 장희빈을 악녀보다는 거부할 수 없는 치명적인 아름다움으로 사람을 매혹하는 '팜므파탈'*femme fatal*로 드러내기를 원했다.

장희빈이 떡을 먹는 장면을 찍을 때였다. "그 떡 하나하나가 너의 정적이다. 그 떡 하나씩 씹을 때마다 정적을 씹는 기분으로 잘근잘근 씹어라"라고 김지미에게 요구했다. 그 장면을 극장에서 본 관객들은 감탄을 연발했다. 치명적일 만큼 아름다운 얼굴에서 은유적이고 완곡하게 독기가 배어나오니 감탄이 절로 나올 수밖에. 결국, 〈장희빈〉은 평단과 관객의 반응이 아주 좋았고 여러모로 성공한 작품이 되었다. '정말 전화위복이 된 셈이다. 도금봉을 썼으면 요염한 장희빈이 될 수 있었을지 몰라도, 김지미에게서 나오는 그런 아름답고 멋있는, 독기 품은 장희빈이 나올 수 없었을 것이다' 영화 개봉 뒤 느낀 나의 소회다.

인생이나 영화나 전화위복이요 새옹지마塞翁之馬라고 할 수 있다. 항상 새로운 것을 추구하다 보니 내 영화인생은 위험 부담도 컸고, 새옹지마라 할 일도 유독 잦았던 것 같다. 한국영화 암흑기인 1970년대에 홍콩에 진출한 것도 그렇고, 홍콩영화계가 한창 무협영화에 몰입되어 있을 때 그들이 시도하지 못한 것을 외국인의 시각에서 '창조적

해석'을 모색해 이후 오우삼吳宇森 감독의 〈영웅본색〉 등 홍콩 현대액션영화의 맹아가 된 점도 같은 맥락이라고 할 수 있다.

〈장희빈〉의 김지미처럼 뜻밖의 캐스팅으로 성공한 〈죽음의 다섯 손가락〉도 마찬가지였다. 악인 이미지였던 평범한 외모의 홍콩 배우인 료례羅烈, Lo Lieh를 기용하여 〈죽음의 다섯 손가락〉을 성공으로 이끈 것도 결국 모험과 창조를 좇다 보니 생겨난 전화위복이요 새옹지마였다. 결국, 새옹지마도 우연만으로도 이루어지는 건 아닌 것 같다. 이렇듯 나는 행운에 의지하기보다는 강직하고 타협하지 않는 길이 나답고 맘 편한 내 길이라 생각하며 고집스럽게 살아왔으니까.

다시 6.25 전쟁이 끝나고 환도한 뒤 서울 명동의 모나리자 다방으로 돌아가 보자.

● 충무로 다방에서 감독 제의 받은 〈장화홍련전〉

문인, 예술인, 지식인들과 공존하던 모나리자 다방이 점차 북적거리게 되자 우리는 영화인들끼리 모이는 장소를 찾아 나서게 됐다. 충무로 3가에 있는 스타다방, 태극다방, 청맥다방 등지로 둥지를 옮겼다. 새 둥지라고 해도 역시 하는 일이라고는 매일 음악과 커피를 벗 삼아 불안을 위로받고 작품 들어오기만을 기다리는 게 전부였다. 이 충무로의 다방이 어찌 보면 전후 한국영화 전성기를 꽃피우게 되는 온실이기도 했다. 다방은 절망의 늪에 빠진 예술가들이 부둥켜안고 위로받는 내밀한 공간이기도 했지만, 인력시장처럼 자신을 드러내놓은 누

〈장화홍련전〉1956년, 이경희, 서영란, 추석양, 석금성

구에게나 열린 공간이기도 했다. 영화인들은 충무로의 다방에서 작품을 의뢰받았고 작품에 대해 토론하고 비평하며 서로의 희로애락을 나누었다.

어느 날이었다. 웬 사람이 나를 찾아와 "작품을 하나 하고 싶은데 감독을 맡아 줄 수 있느냐"고 물었다. 〈장화홍련전〉(1956)을 영화로 만들고 싶다는 것이다. 그때만 해도 작품을 한다는 것만으로도 감사할 일이었다. 이것저것 따질 겨를 없이 흔쾌히 제의를 받아들였다. 출연자는 이경희, 추석양, 서월영, 정애란, 조항이었고, 카메라는 그때 일본에서 막 돌아온 김영순, 조명은 최인규 감독과 함께 고생했던 함완섭이 맡았다. 프랑스제 카메라 '발보'를 사용하여 2월에 촬영에 들어갔다.

시작부터 날씨가 걸림돌이었다. 날씨만 추워지면 카메라 모터가 얼어 돌아가지 않았기 때문이다. 동시 녹음 때나 사용하는 카메라 방음용 덮개 블림프*blimp*(동시 녹음을 할 수 있도록 카메라 모터로부터 발생하는 소음을 차단하는 역할을 하는 카메라 커버)를 사용했어도 2월은 유독 추워서 카메라가 꿈쩍도 안 하기가 일쑤였다. 결국, 카메라 밑에다가 숯불을 피워서 따뜻하게 하고, 그것조차도 움직이지 못할 때는 수동 플렉시블로 촬영을 했다. 드디어 추위와 가난과 싸우며 고생고생 촬영 막바지에 이르렀다. 역시 혹독하게 추운 2월에 엔딩 장면을 촬영했다. 표독스러운 계모 허씨 역할을 한 석금성이 이미 세상을 떠난 장화와 홍련을 죽이겠다고 나섰다가 둘의 혼에 홀려서 연목에 빠져 죽는 장면이었다. 당시 스태프 막내는 막 영화계에 입문한 임권택이었다. 임권택에게 "야, 여자가 들어가는 건 좀 안됐다. 네가 좀 대역을 해라" 하니 임권택이 답했다. "저는 영화도 처음 시작해서 모르는데, 대배우의 대역을 제가 어떻게 해냅니까?" 듣고 보니 맞는 말이었다. 석금성도 옆에서 듣고 있다가 "아 그건 내가 직접 하겠습니다. 시간을 한 10분만 주십시오"라고 거들었다.

10분의 시간이 지난 뒤 준비가 다 됐다고 해서 촬영에 들어갔다. 그런데 연못으로 걸어 들어가 물속으로 잠기는 장면에서 석금성이 연못 가운데로 들어가더니 거꾸로 발딱 서는 것이었다. 그래서 '아, 직접 하겠다는 연기가 저런 연기를 하려는 것이었나?' 하며 커트도 안 하고 카메라를 계속 돌렸다. 다리만 공중으로 뜨고 밑에서 허우적거리는 것을 뒤늦게야 알고 '뭐가 잘못됐구나' 싶어 커트를 외치지도 않고 석금성을 건져 올렸다. 알고 보니 이분이 플라스틱으로 바지를 해 입었는데, 이게 물속에서 공기주머니 역할을 하게 되니 몸이 거꾸로 처박힌 것이었다. 조금만 더 방치했어도 큰일 날 뻔했던 아찔한 사건이었다.

〈장화홍련전〉은 유령 장면이 유난히 많았다. 지금 같으면 스크린 프로세스*screen process*(연기자 뒷면에 영사막을 설치하여 미리 촬영한 배경 장면을 투시한 상태에서 그 전면에서 연기하고 있는 연기자를 배경과 함께 동시에 포착하는 촬영 기법)나 와이어, 다양한 특수효과, 컴퓨터 그래픽 등이 동원됐을 테지만, 당시에는 그런 특별히 고안된 첨단 장치가 없었다. 현장에서 갖가지 창조적 수단(?)을 동원해서 순발력 있게 촬영을 진행해야 했다. 예컨대 장화 홍련이 공중으로 쓱 날아갔다가 없어지고 허 씨를 괴롭히는 장면을 찍을 때였다. 장화와 홍련을 카메라 앞에 세워놓고 그들 뒤에 놓인 배경 그림이 그려진 대형 원통을 스태프들이 돌렸다. 회전 속도가 빠를수록 장화와 홍련이 날아가는 속도도 빠르게 보이는 장치였다. 카메라 앞에서는 선풍기로 장화와 홍련의 머리카락을 날렸다. 영사해서 그 장면을 보면 장화와 홍련이 공중을 날아다닌 것처럼 보였다. 정말 감쪽같았다. 일종의 수동 특수효과였던 셈이다. 그런데 재미있는 것은 이 원통 회전으로 배경을 빠르게 전환하는 특수효과는 지금까지 할리우드에서조차 애용되고 있는 방법이라는 것이다.

또 하나. 장화와 홍련이 공중으로 싹 올라가야 하는데 지금 같으면 와이어 촬영을 해야겠지만, 뭐 방법이 없을까 고심하다가 우리나라 전통놀이 기구인 '널'을 생각해냈다. 널에다가 두 사람을 세워 놓고, 반대편서 스태프가 뛰어내리면 그 반동으로 두 사람이 카메라 위로 올라가는 움직임을 슬로우 모션으로 찍었다. 프레임 수를 늘려 찍어 24프레임 일반 영사기에 돌리면 말 그대로 '쓰~윽' 날아 올라가게 보이는 거였다. 유령영화나 공포영화 같은 일종의 표현주의적 영화는 사실주의적 영화에 비해 수많은 특수효과가 사용되어야 그 비현실적인 사실감이 강조되기 마련이다. 몽환적이고 꿈같은 장면일수록 그 표현주의적 표현은 성공하는 것이다. 그런 면에서 〈장화홍련전〉은 열악한 제작 상황에서 연출자의 상상력과 밤잠을 설친 궁리 끝에 맺어진 뿌듯한 결실이었다.

그러나 나는 〈장화홍련전〉을 통해서 특수효과적 비주얼이나 유령영화, 괴담 영화, 공포영화라는 장르적 속성보다는 두 자매가 계모와 무능한 아버지로 인해 심리적 고통을 받는 과정에 중점을 두었다. 표현주의적 영화가 언제나 그렇듯이 표현주의적 미장센이 사실주의보다 더 사실적으로 보이지 않는 형이상학적 주제를 담아내려 했다. 영화를 본 관객들 역시 내 의중대로 비주얼에 경도되기보다는 장화와 홍련 자매가 불쌍해서 울고불고 난리가 났다. 손수건 부대, 고무신 관객이라는 당시의 관객들은 그렇게 영화와 함께 울고 웃고 스크린을 통해 감정을 이입했다.

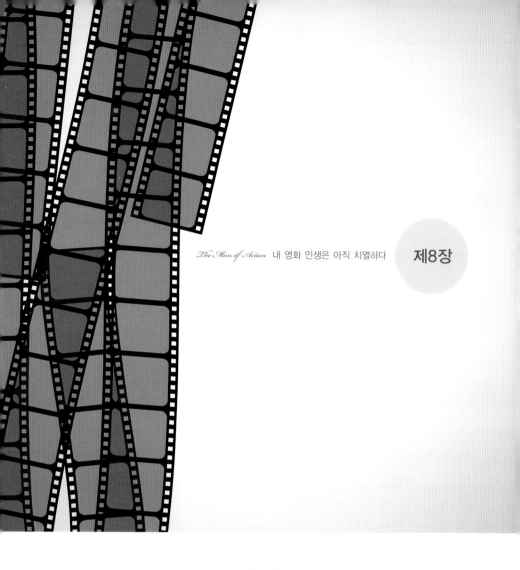

청출어람靑出於藍한 제자들:
임권택, 강대진, 오우삼 감독

The Man of Action Chang Chung Wha

〈장화홍련전〉특수효과를 위해 스태프들은 원통을 굴리고 널을 뛰고 엄동설한 찬물에 뛰어들면서 온몸을 던져야 했다. 그런 수동식 특수효과(?)를 연출해내야 하는 과정에서 유독 이리 뛰고 저리 뛰며 몸을 아끼지 않고 잘 해내던 어린 청년이 있었다. 바로 임권택이었다. 지금이야 대한민국을 대표하는 감독이 되었지만 그때는 10대 후반의 어린 청년이었다. 〈장화홍련전〉에 공동 투자한 임 사장이라는 분이 데리고 와서 "아무거나 일을 좀 시켜줬으면 좋겠다" 해서 합류하게 된 청년, 아니 요샛말로 가출청소년이었다. 우리 연출부에는 이미 모든 인원이 구성되어 있었기 때문에 연출부에 합류시킬 수 없었다. 진행부나 조명부, 소도구 담당 등 잔손 필요한 곳이면 눈치껏 닥치는 대로 일을 해보라고 했다. 통행금지가 네 시까지였던 그 시절, 별 기대 없이 받아준 이 어린 청년은 다섯 시만 되면 회사에 나와서 열심히 거들고 묵묵히 일하기에 주의 깊게 보게 되었다.

성실한 임권택을 높이 산 나는 '애는 내가 키워 주면 좀 도움이 될 수 있는 청년이구나' '혼자서 어떻게 키워 보겠다. 제대로만 자라면 내 연출부로 끌어들인다'고 마음을 먹고 있었는데, 이 친구가 평소 물건을 가져와 놓을 때 보면 손을 떠는 것이었다. '무슨 병이라도 걸렸나?' 이상하다는 생각이 들었다. "저녁때만 되면 쟤는 술을 너무 마십니다" 이런 얘기도 들렸다. '젊으니까 가끔은 그럴 수도 있겠지' 생각했는데, "하루도 안 빠지고 술을 그렇게 마십니다"는 말이 들려왔다. '애가 술을 마실 만한 사연이 있는 모양이구나' 하는 생각이 들어서 권택이를 불렀다.

"술을 그렇게 마시지 말고, 그 시간에 독서를 하는 것이 어떻겠느냐"하며 조심스럽게 충고하였다. 왜냐하면, 독서를 많이 해야 그나마 연출부 구성원으로서 혹은 자신을 위해서도 뭔가 가능성을 찾을 수 있을 거라고 생각했다. 그 후 자주 "책을 많이 읽어야 한다"고 잔소리를 할 수밖에 없었다. 다행스럽게도 이 친구가 그때부터 책을 읽기 시작했다.

임권택이 술을 많이 마시는 이유를 나중에서야 알았고, 그의 괴로움이 깊이 이해되었다. 부모가 빨치산 부역을 했다는 이유로 당시의 연좌제 때문에 여러모로 정신적 어려움을 겪고 있었다. 감수성 예민한 나이였으니 술로 세월을 보내는 것 같았다. 그런데 그런 극심한 정신적 고통을 술로 버텨 내던 어려운 시절, 불행 중 다행히도 내 쓴소리를 받아들여 많은 책을 탐독하게 되었고, 독학으로 오늘날의 임권택이 된 것이다. 다들 대학 나오고 유학 다녀와도 될까 말까 한, 녹록지 않은 연출을 마침내 혼자 힘으로 해낸 것이다.

● 자부심과 긍지로 키워낸 나의 제자들

데뷔작 〈두만강아 잘 있거라〉(1962)부터 〈장군의 아들〉(1990)까지 임권택 감독의 작품 면면이 모두 완성도와 흥행에 있어 타의 추종을 불허했지만, 그중에 〈서편제〉(1993)는 특히 대단한 작품이라고 생각한다. 그러나 아쉬운 점도 있다. 임 감독이 〈천년학〉(2007) 이후 몇 가지를 간과하고 있다. 임 감독에게 그 아쉬운 점을 충언할 수 있는 영화감독이 극히 드물 것이라 생각될 뿐만 아니라, 명실 공히 임 감독의 스승이기에 이 점을 지적하지 않을 수 없다.

한국 관객은 1993년 〈서편제〉를 중심으로 큰 분기점에 이르렀다. 〈서편제〉는 안방의 텔레비전 시청자를 극장의 관객으로 끌어낸 계기를 마련했다. 개봉 당시 관객은 예전엔 영화를 별로 보지 않던 사람들이었다. 하지만 〈서편제〉 개봉 이후 사람들은 극장으로 외출하기 시작했고, 영화를 보는 성향도 바뀌어 가고 있었다. 임 감독은 이 점을 간과하고 있지 않나 우려가 된다. 관객의 변화에 작품이 미처 좇아가지 못하면 그만큼의 간극으로 영화는 외면당할 수밖에 없다. 임 감독은 〈서편제〉의 관객이 기대하는 시점에서 좀 더 높게 멀리 비상해야 할 듯하다. 2007년 〈천년학〉이 개봉할 당시 관객은 이제 더 이상 〈서편제〉에 보냈던 순수하기만 한 감수성으로 영화를 보지 않기 때문이다. 관객은 〈서편제〉를 통해 이미 날갯짓을 배웠고, 창공을 날 수 있는 멀리 나는 새가 돼버렸다. 〈서편제〉에 보였던 평단과 관객의 환호에 비해 〈천년학〉에 보여줬던 관객의 반응은 이에 대한 방증일 것이다.

내게 있어서 감독이란 시대의 흐름보다 늘 앞서가는 예술가다. 새롭고 창조적인 것을 모색하지 않는 순간 연출가는 그 생명력을 상실하는 것과 다름없다고 생각한다. 그런 면에서 나는 평생 영화감독의 길을 걸으며 새로운 것을 시도하고자 하는 창조적 연출가의 소임에 관해 흐트러지지 않으려 부단히 노력했다고 자부한다. 새로운 소재, 미장센, 영화적 요소, 새로운 표현방법, 새로운 주제의식 등 '새로움'과

'창의성'은 내 영화인생을 관통한 하나의 '화두'였다. 사실 내 화두만은 아니라고 생각한다. 영화를 통해 진지하게 대중과 대화하고자 하는 감독이라면 누구나 그러해야 한다고 생각한다.

〈영웅본색〉(1986)과 〈첩혈쌍웅〉(1989)으로 한국에서도 유명 감독이 된 오우삼吳宇森, Wu Yusen 감독 역시 내 문하이기에 애틋하다.

오우삼 감독은 홍콩영화계에서뿐만 아니라 아시아를 넘어 할리우드까지 진출한 세계적인 흥행감독이 되었지만, 최근에는 안타깝게도 자신이 어떤 분야에서 탁월한 능력을 지속적으로 보일 수 있는지에 대한 자기 성찰이 부족했다. 할리우드 진출 후 〈미션 임파서블2 Mission Impossible 2〉(2000)를 훌륭하게 완성하고 흥행에도 성공했음에도 불구하고 〈윈드 토커 Windtalkers〉(2002) 같은 2차 대전을 배경으로 한 작품을 선택하는 실수를 저질렀으니 말이다. 오우삼은 홍콩에서 성장했기 때문에 전쟁을 잘 모르는 세대임에도 세계 1·2차 대전을 겪으면서 가장 많은 전쟁영화를 촬영해서 흥행과 이데올로기라는 두 마리 토끼를 잡아낸 미국 감독들과 경쟁을 했으니 실패는 불을 보듯 뻔했다. 새로움이라는 화두와 자신의 타고난 재능이 맞물려 있는 경계선에서 관객의 목소리에 귀 기울이는 감독이야말로 부끄럽지 않은 영화감독일 것이다.

나는 내 문하를 거쳐 간 제자이자 동료이고 후배인 감독들에게 동병상련의 아픔뿐만 아니라 미흡한 것은 챙겨줘야 한다는 일종의 사명감을 느끼고 있다. 이 점은 예나 지금이나 초지일관하는 나의 신념이다.

다시 옛날로 돌아가 보자. 임권택은 이런저런 막일로 시작해 소품

담당을 거쳐 〈비련의 섬〉(1958)에 이르러서야 정식으로 조감독으로 기용되었다. 그 무렵 〈용팔이〉(1986) 연작으로 유명한 설태호 감독도 영화계에 처음 입문해서 한솥밥을 먹는 조감독이 된다. 또 임권택 감독이 〈두만강아 잘 있거라〉(1962)로 데뷔하면서 그 빈자리에 강대진 조감독이 들어왔다. 강대진 감독은 3대 서민영화로 꼽히는 〈박서방〉(1960), 〈마부〉(1961), 〈어부들〉(1961) 등의 감독답게 서민적이면서도 서정적인 영화를 잘 만들었다. 그는 1961년 〈마부〉로 베를린국제영화제 특별 은곰상을 수상한다. 내 밑에서 연출 공부를 하며 뼈가 굵었다고 해도 과언이 아닌 이들 감독 모두 청출어람靑出於藍이라고 생각한다. 쪽 풀에서 뽑아낸 푸른 물감이 쪽빛보다 더 푸르다. 즉 스승보다 제자가 더 뛰어나거나 훌륭함을 이르는 말이라는데 바로 이런 것을 두고 말하는 것이다.

그런 청출어람한 훌륭한 제자들은 척박한 영화 제작 현실 속에서도 창조적인 작품을 위해 동시대를 앞서가고자 고심했던 내 노력의 한 과정이었다. 나는 그 과정에서 철저한 연출 수업을 주도했고, 이는 초창기 한국영화에선 전무후무하다고 자부할 수 있는 꼼꼼하며 완성도 높은 콘티를 통해 달성될 수 있었다. 청출어람한 훌륭한 감독들을 배출한 스승이라는 면에서는 지금도 남다른 긍지와 자부심을 지니고 있다.

콘티뉴어티continuity 있는 연출을 지향하다

The Man of Action Chung Chang-Wha

새로움과 창의성은 내게 하나의 '화두'였다. 감독은 늘 관객보다 앞서 가야 하고 창조적으로 새로움을 모색해야 한다고 역설했고, 난 그렇게 살아왔다. 그렇게 살기 위해 끊임없이 노력했다고 자부하다 보니 어설픈 자기 자랑만 늘어놓은 게 아닌가 조심스럽다. 그러나 객관적인 평가는 어차피 내 몫이 아니고 자평이야 하늘을 우러러 한 점 부끄럼 없이 내가 알고 하늘이 알면 그뿐이니 어쩔 수 없다고 자위해 본다. 말 나온 김에 내 자부심 하나 더 보태보련다. '청출어람' 운운하며 내 제자들을 병풍 삼아 역시 내 얼굴을 세우기도 했는데 내 밑에서 연출 공부한 감독들은 감히 행운아였다고 단언한다. 난 쉽게 넘어가는 스타일이 아니므로 내 밑에서 연출을 공부한다는 것이 대충대충 시간 때우기로는 불가능했고, 일단 본인이 성실하기만 하면 끝까지 신임하고 적극적으로 밀어주기 때문이다. 또한 난 어설프게 감독 흉내 내는 아마추어리즘은 딱 질색이었고, 성격상 프로페셔널하고 강직하며 성실한 연출을 지향했으므로 조금이라도 눈썰미 있고 조금이라도 배우려는 의지가 있는 조감독이라면 뭔가는 얻어 가기 마련이었다.

모 방송 프로그램에서 임권택 감독은 내가 자신을 신임하여 OK여부에 대한 확인을 맡기다 보니 정신 바짝 차리고 매 장면을 집중해서 살펴야 했다고 한다. 그것은 연기와 장면을 면밀하고 세심히 보는 연출수업에 대단한 도움이 되었으며 훗날 자신의 연출에 영향을 주었다고 회고했다. 하지만 난 그 인터뷰를 보고 상당히 당황했다. 자신이 모시고 있는 감독의 신임이 어느 정도인가를 묘사하기 위해 약간의 가감이 있을 수는 있으나, 사실이 왜곡되는 수준이라면 더구나 그

것이 모시고 있던 감독에게 피해가 가는 왜곡이라면 문제는 심각해진다.

내 연출 스타일 상(꼭 임 감독한테 뿐만 아니라) 모든 조감독에게 정신 차리고 장면에 집중해서 관찰하라는 의미에서 간혹 OK여부를 확인하곤 한다. 그런데 임 감독은 내가 자신을 얼마나 신임하는지 증명하는 장면으로 매번 모든 OK여부를 본인에게 맡기고, 심지어 배우들도 감독인 내가 아니라 자신의 OK신호를 확인했다는 것이니 당혹스럽지 않을 수 없었다. 내가 임 감독을 데리고 있던 그 시절 그는 10대 후반에서 20대 초반의 어린 청년이었고, 영화에 대해서는 아무것도 아는 바 없는 성실한 풋내기에 불과했는데, 어떻게 내가 그에게 모든 OK신호를 일임했겠는가. 내 신임을 확인하는 발언치고는 심히 과해서 바로잡지 않을 수 없다.

그리고 난 간혹 '정신 바짝 차리고 장면을 집중해서 보라'는 일종의 '평가'와 '격려'의 의미를 내포하여 OK여부를 묻기도 했지만, 사실 정창화식 연출수업의 키워드는 '콘티뉴어티'라고 생각한다. 콘티뉴어티continuity는 영화계에서 흔히 '콘티'라고 줄여 말하는 일종의 장면 연결을 위한 스케치다. 내가 알기엔 최근까지 한국영화계에서 제대로 된 콘티로 영화를 찍은 감독은 몇 명 되지 않는다.

역시 내 밑에서 연출 수업받다가 〈내 청춘 황혼에 지다〉(1967년)로 데뷔한 전우열 감독이 어느 다큐멘터리에서 "정창화 감독님의 콘티는 정확하고 그림의 완성도가 높아 콘티만 봐도 마치 한 편의 영화를 보는 것과 같다"고 인터뷰한 것을 본 적이 있다. 그는 내 콘티만 보면 "아무리 머리가 나쁜 사람도 감독할 수 있었다"고도 술회하기도 했다. '한국영화의 르네상스'라고 하며 높이 평가하는 최근 한국영화 제작 여건에서조차도 단지 소수의 감독만 콘티를 사전에 완성해 놓고 촬영에 들어간다고 한다. 아직도 콘티를 통한 치밀한 사전계획이 실현되고 있지 못하다면 한국영화 제작 여건은 여전히 요원하다고 말할 수 있겠다. 대부분의 감독이 여전히 콘티를 미리 만들지 않는 것은 물론이요, 대본에다 줄을 그어 화면크기를 표시하는 약식 콘티를 사용하고 있는 것이 한국영화계의 현실이다. 나의 경우는 처음부터 콘티를 작성했었고, 친절하게도(!) 촬영 전에 스태프들에게 나누어 줌으로써 사전 준비 작업에 전력을 기울이도록 했다. 콘티에는 장면의 연속성 *continuity*뿐 아니라 편집, 소품, 조명, 분위기, 음악, 카메라 워킹, 앵글이 표시되어 있으므로 이 콘티 북을 미리 받아 본 스태프들은 다음 장면을 충분히 이해한 후 철저하게 준비할 수 있게 되며 그래서 빨리 감독이 될 기반이 되기도 한다.

콘티 없이 촬영하는 대부분의 경우, 장면의 연속성은 오로지 감독의 머릿속에만 있다 보니, 조감독도 다른 스태프들도 매일 아침 그날의 촬영분을 지시받고 수동적으로 임할 수밖에 없다. 그러다가 갑자기 예상치 않은 사건(비가 온다거나, 배우가 촬영할 수 없게 된다거나 등)이 생기면 상황수습도 감독 혼자의 몫이 되다 보니 나머지 스태프들은 늘 어리둥절한 상태로 촬영을 진행할 수밖에 없다. 나 또한 그러한 아픔이 있었다. 최인규 감독님한테 처음 연출 수업을 받을 당시 역시 주어진 콘티가 없었다.

최 감독님은 영화작가이면서 뛰어난 테크니션이고, 엔지니어의 면모도 지니고 계신 탁월한 영화인이셨기 때문에 내가 조감독 할 당시 주한미문화원에서 협조받은 미첼 카메라의 완벽한 사용법 습득은 물론 시간만 나면 카메라를 분해하고 조립하며 연구해야 했다. 또한, 그날 촬영분은 그날 바로 편집을 해야 했기 때문에 당연히 영사기 사용법도 기본이었다. 최 감독님을 통해 조감독은 영화에 대해 종합적으로 다 알아야 한다는 원칙을 배울 수 있었다. 그런데도 결정적으로 콘티를 스태프와 공유하지 않았기 때문에 조감독이 뭘 해야 할지 몰랐고, 그날그날 촬영 때마다 필요한 사항은 그분이 얘기하는 대로 허수아비처럼 준비할 수밖에 없었다. 하는 수 없이 그날 촬영이 끝나면 촬영 내용을 전부 머릿속에 담고 있다가 집에 가서 복기하며 한 커트 한 커트 메모하면서 내 나름대로 그림을 그려서, 스크랩해놓기를 반복했다. 그러다 보면 어느새 작품이 끝난 뒤 전체 콘티뉴어티가 완성되어 있었고 그것을 보면서 영화 공부를 할 수 있었다.

● 흩어진 콘티를 찾아서

영화박물관 등에서 내 작품의 콘티를 요청한 적이 있었지만, 홍콩과 미국 등지로 이사 다니다 보니 개인적으로 보관해 놓은 것이 없어 아쉽게도 아무것도 내놓을 수가 없었다. 여러 조감독이 가지고 있는 흩어진 콘티를 찾아 퍼즐처럼 맞추는 작업을 기대할 수밖에 없는 현실이다. 그러나 핑계를 대자면 내 개인적인 사유 외에도 콘티와 스틸, 심지어 영화 네거필름 원판까지 잃어버리고 찾지 못하던 당시 한국영화계의 영세성에도 원인이 있다.

〈장화홍련전〉 같은 경우도 원판이 대만과 홍콩으로 수출되면서 행방불명이 돼 버렸다. 내 영화 대부분 해외로 수출되면서 원판이 분실된 건 못 내 아쉽다. 하기야 당시 수출된 한국영화들 대부분이 그런 운명이었다. 프린트 비용이 없어 원판까지 수출해 버리는 무지하고 영세한 영화계였으니 말이다. 무지하다고만 탓하기엔 제작 여건이 워낙 열악했다.

당시 제작 여건은 참으로 영세해서 대부분 제작자는 제작비 3분의 1정도를 들고 와서 촬영을 시작했다. 그리고 나서야 지방흥행업자들이 감독이나 배우, 영화의 진행과정을 보고 뒷돈을 대줬다. 그 무렵만 해도 〈장화홍련전〉을 막 끝내고 내가 그렇게 유명할 때도 아니니 지방에서 자금 투자가 순조롭게 이뤄지지 못했다. 식사비를 지급 할 수 없어 내 주머니를 털어 호떡을 사다가 전 스태프와 배우들이 나눠 먹곤 했다. 〈풍운의 궁전〉(1957)도 호떡으로 끼니를 때우며 촬영했던 때다. 실은 그 작품은 하고 싶지 않았다. 작품도 마땅찮고 그 무렵에는 이렇다 할 배우들도 없었다. 하지만 그것이라도 수락하지 않으면 연출할 길이 없어 선택의 여지 없이 시작했다. 그래도 그 시대에는 영화를 한다는 정열 하나로 배우도 스태프들도 '눈물 젖은 호떡'을 먹으면서도 열심히 해 주었다. 요새라면 영화 진행 자체가 불가능했을지도 모를 일이지만. 그때는 모두가 가난했던 암울한 시대였고 버틸 힘은 열정뿐이었다.

그 열악한 상황 속에서 영화를 만드는 입장이다 보니 나름대로 여러 궁리를 할 수밖에 없었다. '한국시장에, 한국 제작 여건에 맞는 것을 만들고, 템포를 빠르게 하자.' 나는 암울한 시대의 관객들에게 뭔가 활력을 주고 싶었고, 일본영화의 영향을 받은 소시민 영화, 소위 대사 위주의 멜로드라마보다는 스펙터클하고 빠른 템포의 미국영화를 모델로 삼고 싶었다. '그래, 템포다. 템포를 빠르게 가자!'

The Man of Action 내 영화 인생은 아직 치열하다

제10장

셰인¹⁹⁵³에서 템포와 몽타주를 배우다:
일곱 살 윤복희의 데뷔작
햇빛 쏟아지는 벌판¹⁹⁶⁰

The Man of Action *Chung Chang-Wha*

초창기 한국영화는 주로 일본영화의 영향을 많이 받았기 때문에 소위 '신파新派영화'라고 하는 대사 위주의 템포가 느린 멜로드라마가 대부분이었다. 그러다 미국영화가 본격적으로 수입되기 시작하면서 많은 관객이 빠르고 스펙터클한 미국영화를 선호하기 시작했다. 한국영화의 초창기를 관통하며 한국 영화감독으로 입지를 굳히고 있던 나는 '어떻게 해야 관객을 되돌릴 수 있겠나' 고심할 수밖에 없었다.

정작 하고 싶었던 영화는 〈아라비아의 로렌스〉(1962), 〈닥터 지바고〉(1965) 같은 스펙터클한 작품이었지만, 우리나라 제작 여건상 그런 초대형 대작은 도저히 불가능한, 꿈같은 일일 뿐이었다. 그 점은 예나 지금이나 기본적으로는 크게 달라지지 않았다고 본다. 영화를 공급하는 시스템, 영화를 소비하는 시장 규모 등 영화의 산업적인 면에서만 보더라도 규모의 경쟁력에 한계가 있기 때문이다. 그러니 1950~60년대를 말해 무엇하겠나. 한계가 분명한, 주어진 환경 내에서 창조적이어야 했고 새로워야 했으며 저예산이어야 했고 한국 관객의 발길을 끌어들여야 했다.

'지금은 모두 가난하고 암울한 시대니까 뭔가 활력을 주는 작품을 해야 하지 않을까' 고심하던 차에, 마침 조지 스티븐슨George Stevens 감독의 〈셰인〉(1953)을 보게 되었다. 〈셰인〉은 미국 서부극 역사의 한 획을 긋는 수작이었고, 서부의 역사를 통해 서부극의 역사까지 껴안고 성찰한 자기반영적인 명작이었다. 당시 할리우드 대작 영화보다 소규모, 저예산 영화였는데도 불구하고 소년의 눈을 통해서 어른 세계를 바라보는 시점과 영화 형식에 담긴 서사시적 내용은 잔잔한 감동을 주기에 손색이 없었다.

특히 인상 깊었던 것은 조지 스티븐슨 감독의 빠른 편집과 템포였다. 통상적으로 당시의 서부영화라고 한다면 보통 총싸움과 정형화된 스토리 정도밖에 생각 못 하는데, 〈셰인〉은 몽타주 기법을 사용하여 박진감 넘치는 총격전, 스피디한 격투 장면을 표현했으며 그런 새로운 형식에 강하게 대비될 만한 서정적이고 서사시적인 내러티브narrative를 잔잔히 그려내고 있었다. 이런 비견될 만한 형식과 서사적인 완성도를 통해 감독이 전달하고 싶은 메시지나 주제의식을 모두 전달하고 있었다. 나는 이 영화에 완전히 매혹되었다. 소규모와 저예산에도 불구하고 빠른 템포와 완성도 높은 주제의식으로 감명을 준 〈셰인〉을 통해 하나의 이정표를 발견한 것이다.

'아, 우리나라 영화도 이제 이렇게 가면 되겠구나.' 〈셰인〉을 반복해서 보면서, 빠른 템포의 편집을 어떻게 했느냐를 연구하고 싶었다. 그러나 요새처럼 비디오나 디지털 장치가 있는 시대도 아니니 반복관람과 함께 분석하며 영화연구에 집중하기 어려운 환경이었다.

처음에는 촬영기사에게 극장에서 〈셰인〉을 찍어오라고 했다. 그런데 영사기 속도와 카메라 속도가 일치되지 않으니 영화를 볼 수가 없었다. 할 수 없이 단성사 사장을 찾아가서 부탁했다. "필요한 몇 부분만 좀 빌려주면 좋겠다" 요청하니 곤란한지 계면쩍게 웃기만 했다. "이거 하나 없어지면 우린 망한다"는 게 그의 답변이었다. 그래도 포기하지 않고 부탁하자 "그건 절대로 못 빌려준다"고 단호히 거절하고 말았다. 그냥 물러설 수 없어 또다시 매달려 부탁했다. "몇 권(영화 한

편을 구성하는 여러 필름 통에 대한 지칭)만 빌려주십시오. 그러면 밤에 가서 연구하고 내일 아침까지 돌려드리겠습니다." 결국 그분은 내 열의에 감복했는지 마음을 받아 주었고 필름을 빌려주기로 했다. 편집실에서 밤새워가며 수없이 반복해서 보고 분석하고 연구했다. 물론 조감독들을 모두 불러놓았다. "옆에서 봐라, 너희들" 하고 독려해 함께 연구하여 스티븐슨 감독이 커트를 어떻게 처리했는지를 분석했다.

이렇게 〈셰인〉은 나, 정창화 액션영화에 대한 토대를 마련해 주었다. '옳지, 나는 이 방향으로 간다. 한국 감독들이 아무도 이를 시도하지 않았고 액션영화에 대해서 우리나라는 불모지니까 내가 이 기틀을 마련해야 하겠다.' 〈셰인〉을 통해 나는 액션영화 연출의 길에 들어선 계기가 된 것이다.

● 정창화 액션영화의 출발 〈햇빛 쏟아지는 벌판〉

액션영화란 스피드와 리드미컬한 템포, 몽타주 기법이 생명이다. 돌이켜보면 스피드와 리듬 그리고 몽타주에 빠져든 것이 어쩌면 우연만은 아닐지도 모르겠다. 나는 대학 2학년까지 음악을 공부했다. 어찌보면 영화 속에서 음악적 요소를 찾아내고 발전시키는 데 흥미를 보이는 것은 내 삶의 궤적이 가져다 준 당연한 귀결이었을 것이다.

〈셰인〉으로 발상의 전환을 하게 된 뒤 본격적으로 액션을 영화에 도입한 작품이 〈햇빛 쏟아지는 벌판〉(1960)이다. 이 영화는 이후에 '빠른 이야기 전개와 흥미로운 상황 설정으로 관객의 시선을 사로잡았다'고 평가받으면서 내 액션영화 연출의 시작을 알리는 영화로 기록된다. 1950년대와 60년대 한국은 굉장히 가난했고 모든 사람이 일하고 싶어도 할 곳이 없었던 암울한 시기였다. 나는 사람들에게 활력을 주기 위해서 '시원시원한 영화가 나와야 한다. 그래서 박진감 있고 템포 빠르고…… 그러면서도 메시지가 있어야겠다'는 생각을 거듭했다. 결국, 그 다짐은 〈햇빛 쏟아지는 벌판〉을 통해 실현한 것이다.

어느 일곱 살짜리 어린이가 전쟁 중 막대한 유산을 상속받는다. 전쟁 중이므로 현찰이 아니라 금궤를 포함한 현물이다. 〈햇빛 쏟아지는 벌판〉은 이 값진 보물을 차지하기 위해 달려드는 인간의 탐욕과 암투를 그린 내용이었다. 보물을 둘러싸고 선인, 악인 심지어 북한군까지 개입하는 등 다양한 인간군상이 등장한다. 이렇게 개성 강한 인간 군상에는 김지미, 조미령, 김석훈, 윤복희 등이 열연했다. 이 영화로 데뷔한 일곱 살짜리 주인공 윤복희는 후에 대가수로 성장했는데, 이후 한국영화나 드라마에서 톡톡히 감초 역할을 했던 깜찍하고 약아빠진 아역의 전형이었다고 할 만큼 아주 연기를 잘했다.

〈햇빛 쏟아지는 벌판〉을 개봉했을 때 일이다. 가슴이 조마조마한 채로 새로운 시도가 어떻게 관객들에게 다가가서 어떤 인상을 주었을까 노심초사하고 있는데, 엔딩자막이 나올 즈음이 되자 관객들이 기립박수를 치는 것이다. '아, 역시 내가 액션영화를 하길 잘했구나' 용기를 얻고 그 방향으로 내 영화의 이정표를 세웠는데, 평단에서는 내 이정표와 관객의 기립박수가 무색하리만큼 굉장히 냉담한 반응을 보였다. 근래 들어 평단은 한국영화 발전에 대한 긴 전망을 가지고 질타와 격려를 안배하기 때문에, 당시 나 같은 상황이라면 용기를 주고 '잘했다' 또는 '어느 부분은 잘했고 어느 부분은 이랬으면 좋겠다'는 식으로 분석적이고 신중한 편이었을 것이다. 그러나 당시에는 편파적이고 무조건적이라 할 만큼 예술적인 문예영화가 아니면 영화 취급을 하지 않았다. 평단과의 불길한 평행선은 이후로도 거의 좁혀지지 않았고 안타깝게도 평단과는 그 이후로도 계속 갈등을 이어갔다.

〈노다지〉(1961) 역시 탄탄한 내러티브와 빠른 전개로 지금 봐도 신선하다고 평가받는 작품이지만 당시 평론가들은 새삼스럽다 할 것도 없이 여전히 냉담했다. 〈노다지〉 역시 인간 욕망의 초상을 그렸다. 일이 없어 항상 다방에 앉아서 허망한 꿈만 그리고 있는 '우리들의 초상'인 주인공 두 명이 결국은 가족까지 버려둔 채 꿈을 좇아서 금광을 찾아다니다가 종국에는 금맥을 찾긴 하지만 물욕 때문에 한 사람이 다른 한 사람을 어쩔 수 없이 죽이는 과정을 묘사했다. 또다시 금을 둘러싼 인간 군상들의 탐욕을 그린 것이다.

인간의 욕망에 대한 탐색을 여러모로 시도하고 영화화하여 흥행 면에서는 어느 정도 만족할 만한 성공을 거둔 뒤 다시 새로움을 찾아 무대를 만주로 옮겼다. 만주를 배경으로 한 독립군의 이야기 〈지평선〉(1961)은 이후 만주 대륙물의 유행에 큰 영향을 끼친 작품이라고 평가받게 된다.

만주 대륙물의 기원 지평선¹⁹⁶¹과
미얀마 배경의 사르빈 강에 노을이 진다¹⁹⁶⁵

The Man of Action   Chung Chang-Wha

인간의 탐욕을 그린 전작 〈햇빛 쏟아지는 벌판〉(1960)과 〈노다지〉(1961) 이후 또 다른 새로움을 모색하던 중 항일독립운동에 대한 작품을 구상했다. 내게 반일 의식은 어린 시절에 맞닥뜨린 부조리하고 억울한 추억에서 시작되었다. 그래선지 일본영화에 대한 일말의 관심조차 가질 수 없었다. 무조건 싫었다.

초등학교 3학년 즈음이었다. 한번은 일본 사람이 가게에 빙수 기계를 처음 설치해 놓고 얼음을 갈아서 빙수를 파는 모습을 보고, 신기해서 길 가다 말고 밖에서 보고 있었더니 일본인 주인이 나와서는 다짜고짜 뺨을 때리는 것이다. 어린 마음에도 '쳐다본 게 무슨 잘못이라고 뺨을 때리나' 억울했다. '우리가 식민지하에 있으니까 우리를 아주 낮춰 봤구나' 싶었다. 아무 죄 없는 어린애가 뺨을 때린 어른에게 느끼는 분한 감정은 두고두고 머리에 남았으며, 그때부터 일본인에 대한 감정이 좋지 않았다. 〈지평선〉(1961)이나 〈사르빈 강에 노을이 진다〉(1965), 〈죽음의 다섯 손가락〉(1972) 등의 영화 속에서 은연중에 반일이나 항일감정이 묻어 나왔다. 중학교 3학년 때는 이런 일도 있었다. 연희전문에 다니던 동네 선배가 나와 같은 동네에서 자란 김상철이라는 동창을 불러 놓고, "광화문에 가면 경찰 참고관이 있는데 거기 가면 우리 독립군이 항전하다가 뺏긴 총하고 노획물 등이 전시돼 있다. 거기에서 권총을 두 자루만 훔쳐가지고 와라" 하는 위험천만한 부탁을 했다. 이 선배는 나와 각별한 인연이 있었다. 내가 6학년 즈음 손으로 돌리는 무성영사기로 우리 나이 또래 몇 명을 데려다가 자기 집에서 〈모던 타임스〉(1936) 같은 찰리 채플린*Charles Chaplin* 영화를 보여주곤 해서 '영화를 하면 재미있겠다'란 생각이 들게 한 선배였다. 말하자면 이 선배가 내게 처음으로 영화에 대해 눈을 뜨게 해준 것이다. 그런데 이 선배가 하는 부탁이었다. 더군다나 일본 사람한테 얻어맞고 분했던 감정이 있어서 그랬는지 서슴지 않고 하겠다고 해버렸다.

홈친다는 것이 석연치 않았지만, 어차피 하기로 했으니 제대로 해내야 했다. 나름대로 치밀하게 계획을 세웠다. 김상철이라는 친구와 의논 끝에 내가 "야, 비 오는 날 가자"라고 했다. "왜 비 오는 날 가느냐" 하고 묻기에 "판초 우의를 입고 가서 (총을) 넣으면 안 보이지 않느냐" 했더니 "아, 그것참 맞다"며 맞장구를 쳤다. 비 오는 날을 기다렸다가 지금의 주한미국대사관 근처에 있던 광화문 경찰 참고관에 들어갔다. 2층인데 다행히 별로 감시가 없었다. 감시하는 경찰관 한 명뿐이었고 진열장도 그냥 열리게 돼 있었다. 노출된 전시장에는 중국 옷, 털모자, 권총부터 총알 등이 전시되어 있었다. 일본인들은 우리 독립군을 마적 또는 비적이라고 해놓고 '마적한테 노획한 물건을 여기 전시한다'는 식으로 그 경찰 참고관을 이용하고 있었다.

판초 우의를 입은 우리 둘은 권총 두 자루를 하나씩 끼고 권총에 맞는 총알도 필요할 듯하여 총알도 걷어 담으려고 했다. 그런데 문제는 총알이 피라미드식으로 쌓여 있어 자칫 한 개라도 잘못 건드리면 요란하게 무너지게 되어 있어 꼼짝없이 잡힐 위험이 있었다. 난 김상철을 보고 "야, 총알은 건드리지 마. 이것 건드리면 우린 여기서 잡히고 만다"고 말했다. 선배한테 갖다 주는 역할은 김상철이 한다고 했다.

비 오는 날인데 김상철은 그걸 신문지에 싸서(그 시대는 비닐 포장지가 없기 때문에) 자전거 뒤에 붙들어 매고 갔고 비를 맞아 신문지가 찢어지면서 권총이 땅에 떨어져 친구는 결국 경찰에 잡히고 말았다.

김상철의 부모로부터 그 소식을 들었다. 난 어느 시골로 피해야만 했다. 김상철은 일본 경찰에게 너무나 총이 갖고 싶어 저지른 단독 범행이라고 진술했고 현명하고 뚝심 있는 그 친구 덕분에 나와 선배는 무사할 수 있었다. 물론 선배와 연결된 지하조직도 안전할 수 있었다. 김상철은 그 사건으로 소년 교도소 형을 받고 3년을 복역하던 중 해방을 맞았다. 그는 후에 변호사가 되어 활동하다가 지금은 은퇴해서 조용한 노년을 보내고 있다. 몇 년 전 아내와 문경에 관광을 갔다가 우연히 그 친구를 만나 그간의 소식을 들었다. 어찌나 반가웠는지…. 그는 어린 나이에도 지혜와 용기를 발휘하여 단독범이라고 혼자 다 뒤집어쓰고 형무소 생활까지 했으니 내겐 영원히 잊을 수 없는 항일투사요 영웅이었다. 이런 일본에 대한 소소하고 개인적인 기억들이 후에 내 작품에 여러모로 반영됐다.

● 식민지 암울한 현실 담은 〈지평선〉, 〈사르빈 강에 노을이 진다〉

〈지평선〉(1961)은 젊은 독립군이 청춘을 바쳐 가면서 독립운동을 하는 과정, '이 나라 우리 조국이 얼마나 소중한 것인가', '나라를 찾기 위해서 자기 청춘을 바친 젊은이들에게 우리는 무엇을 보상해 주었는가?'에 대한 의문을 제기한 작품이다. 당시 그런 얘기는 이전까지 한국영화에서 다루지 않았던 참신한 소재였다. 하지만 주제와 소재 등 모든 것이 첫 시도였기 때문에 모두 새로 만들어야 했다. 엄청난 제작비가 투자되어야 했다. 우이동에 대형 중국거리 세트를 세웠고, 독립군, 일본군, 만주군의 의상도 새로 만들었으며, 대·소도구도 모두 새로 마련해야 했다. 이쯤 되니 제작자는 불안해져서 몸을 사리기 시작했지만 나는 자신이 있었다.

우리 독립군이 일본 헌병대를 기습하는 장면을 촬영할 때의 일이다. 헌병대 정문에다 중기관총을 설치해 놓고 독립군한테 응사하는 전투장면이었다. 당시에는 우리나라에 특수효과나 무술지도, 스턴트맨 등이 전혀 없었을 때인지라 이게 전부 감독의 몫이었다. 이 장면을 찍을 때 실탄이 아니면 연발할 수 없어서 실제 기관총을 설치해야 했다. 끔찍한 상황이었다. 동네에 유탄이 날아가지 않게 하려고 앞에다가 가마니를 쌓아 놓고 거기에다가 쏘도록 했다. 그런데 그 가마니가 모래 가마니여야 했는데, 모래와 섞인 돌멩이들이 가마니 안에 들어있었다. 총을 마구 쏘아대기 시작하니 그 총알이 하나 돌에 맞아 튕겨 유탄이 내 가슴에 날아 들어왔다. 그때가 마침 겨울이라서 옷을 두껍게 입은 데다가 촬영용 콘티를 접어서 끼어 놓았다. 총알은 콘티북을 3mm 정도를 파고들어 와 멈추는 기적 같은 상황이 연출됐다. 구사일생 목숨은 건졌지만 아찔했다.

그때는 그렇게 하지 않으면 영화를 만들 수가 없었다. 오직 영화를 한다는 열정 하나로 온갖 어려움을 이겨낸 또 하나의 영화 같은 이야기다. 다행히 〈지평선〉이 개봉되자 〈햇빛 쏟아지는 벌판〉 이상으로 관객 반응이 뜨거웠으며, 그때부터 한국영화계에는 만주 대륙물이 유행하게 된다. 미국에 서부영화가 있듯이 한국에는 만주 대륙물이 있었다. 만주 대륙물의 시대를 열었지만, 그것에 안주하지 않고 나는 계속해서 또 다른 시도를 했다. 이번엔 남쪽으로 눈을 돌려 '미얀마'(당시 국명은 버마로 불림)를 향했다.

어느 조선 청년이 일본군 소위 계급장을 달고 2차 세계대전에 끌려나가는 내용의 영화를 위해서였다. 학도병이 미얀마 전선에서 전투하는 과정에서 자기의 정체성을 찾아간다는 얘기였다. '과연 내가 일본 사람이냐, 한국 사람이냐? 나는 한국 사람이기 때문에 내 처지를 어떻게 가져가야 하느냐?' 이런 '정체성 찾기'의 주제를 가지고 〈사르빈 강에 노을이 진다〉(1965)를 연출했다. '세트라고 믿기 어려운 열대림의 재현'이라고 할 정도의 스펙터클을 담아 낸 〈사르빈 강에 노을이 진다〉(1965)에는 신영균, 김혜정, 남궁원, 윤일봉, 주선태, 최지희 등이 열연했다.

여기에는 열정적이면서도 달콤한 로맨스도, 지독하게 끈질긴 악연도 있다. 마쓰모토로 창씨 개명한 학도병(신영균)과 미얀마 독립을 위해 싸우는 원주민 여자 게릴라 후라센(김혜정)과의 사랑, 일군日軍에 의해 자신의 어린 아들이 죽었기 때문에 복수를 하겠다고 끈질기게 주인공을 추격하는 노인(주선태) 등이 그 주역이다. 종전되면서 모두가 집으로 돌아가는데, 주인공만은 이 게릴라 노인의 저격을 받고 죽게된다. 죽을 때 주인공의 손에는 '약혼자가 기다리고 있다'는 내용의 편지가 쥐어져 있었다. 비극적인 이야기지만 여기서 내가 그리고 싶던 것은 이 비극이 '전쟁의 탓이다'라는 결말이었다.

이 영화의 특별한 점은 강제로 징발된 한국인 종군위안부에 대한 스토리도 있다는 것이다. 당시에는 아무도 종군위안부에 대해 다루려 하지 않았는데, 나는 우리 민족이 당한 역사적 비극을 외면할 수 없었고 이를 부각하기 위해서 그 역할을 단역으로 하지 않고 일부러 주연급인 최지희를 기용하여 종군위안부라는 존재감에 무게를 두어 드러냈다.

〈지평선〉과 〈사르빈 강에 노을이 진다〉를 통해 그려낸 영화적 공간은 스펙터클한 흥행적 요소로서의 미장센이기도 했지만, 그것이 만주든 미얀마든 공간이 어떻게 달라지든 그 밑바닥에는 일본제국과 식민지 상황이라는 암울한 현실이 녹아있다.

영화촬영 중 아찔하고 위험한 순간들
그리고 끝내 순직한
흑야괴객[1973]의 최호진 촬영 감독

The Man of Action Chung Chang Wha

학도병과 종군위안부가 자연스럽게 부각되는 공간, 반일정서와 이국적 로맨스가 어우러지는 공간으로서 미얀마라는 이국적 도시가 중요한 관건이었던 〈사르빈 강에 노을 진다〉(1965)는 그만큼 미얀마 현지 로케가 중요한 문제였다. 한두 사람이 아니라 모든 스태프가 가야 하니 비용 부담이 만만치 않았다. 그래서 제작자에게 "나하고 촬영기사만 가서 몇 부분만 찍어 와서 나머지를 어떻게 해 볼 테니 갈 수 없겠느냐?"고 물었다. 그는 "불가능하다. 도저히 내 능력으로는 어쩔 수 없다"고 난색을 보였다.

하여튼 이 작품은 꼭 해야 했다. 고심 끝에 미술 담당 디자이너 박석인과 함께 미얀마 영사관에 찾아가서 협조 요청을 해보기로 했다. "우리가 미얀마에 대해서 잘 모르니 서적이나 그림 같은 것이 있으면 좀 구해 달라"고 부탁했고, 기꺼이 그들은 이를 받아들였다. 박석인과 둘이서 한 이십일 정도 집중적으로 미얀마를 연구했다. 도서관에서 미얀마인의 풍속이나 민족성을 공부했고, 미얀마 원주민 부락을 광릉 숲 속에다 재현시키기도 했다.

광릉 숲에 미얀마 부락을 재현하는 과정에서 있었던 일이다. 당연히 아열대지방 미장센 구성에서 가장 먼저 눈에 띄는 것은 열대수였다. 아열대 지방이 아닌 우리나라엔 당시 열대수가 있을 리 없었고, 어설픈 세트로 처리할 수도 없었으니 제대로 시작도 해보기 전에 벌써 난감한 일에 봉착한 것이다.

수소문 끝에 어느 유지가 취미 삼아 열대수를 키우고 있다는 것을 알게 되었고, 한걸음에 찾아가 부탁을 하니 아니나 다를까, "안 된다"

〈사르빈 강에 노을 진다〉1965년, 신영균, 남궁원, 김혜정, 윤일봉

고 그는 한마디로 거절했다. "이게 값이 얼만데. 나는 이걸 취미 삼아 지금까지 하나씩 힘들게 구해서 이만큼 키워놓은 거다"는 게 거절의 이유였다. 거기서 물러서면 이 작품을 제대로 만들 수 없으니 "제가 연대보증을 서서 손상이 되면 그대로 사 드리겠습니다"라고 거듭 부탁할 수밖에 다른 방법이 없었다. 겨우 그를 설득하여 열대수 두 트럭 분을 지원받을 수 있었다. 화면에 들어오는 곳마다 땅을 파고 열대수를 심었다. 땅을 파서 나무를 심고 다시 들어내고 다시 심기를 반복해야 했으니 스태프들의 고생은 이루 말할 수 없었다. 그뿐만이 아니었다. 일본군 트럭이 달리는 장면 같은 경우, 지금 같으면 스크린 프로세스를 이용했겠지만, 당시에야 아무것도 없었으니, 스태프들이 그 큰 나무를 들고 인물의 앞과 뒤로 뛰고 선풍기로 먼지를 흩날리며 촬영해야 했다.

그렇게 달리는 일본군 트럭에서 윤일봉이 원주민 게릴라 역의 김혜정과 대화하는 장면이었다. 나는 부분 대사 중에서 '코리아'를 강조했다. 일본 식민지시대의 강제 징용과 종군위안부라는 민족적 비극이 미얀마라는 제3국의 낯선 땅에서 치러야 하는 전투의 공간적 상징성과 충돌하면서 '코리아'라는 의미와 씨줄과 날줄처럼 부합하기 때문이다. 그 장면이 지닌 중층적 의도를 몰랐다 할지라도 이 '코리아'라는 단어만큼은 관객의 심금을 울렸던 것 같다. 나중에 영화가 개봉한 후 관객들은 '코리아'라는 그 대사가 좋았다고 입을 모았다.

● 촬영 중 잊을 수 없는 위험한 순간들

미얀마라는 공간을 재현해 내는 것이 큰 어려움이던 것 외에도 전투 장면 촬영 중에 겪을 수 있는 모든 어려움은 다 치러내야 했다. 예컨대 수많은 전투 장면에서 실탄을 사용했으니 우리는 여전히 위험에 노출되어 있을 수밖에 없었다.

영화를 연출한다는 것, 영화 스태프로 일한다는 것이 위험 그 자체였던 시기다. 특수효과 담당도 없었고, 소도구를 주로 준비하는 소품부에서 필요한 전투장면 관련 장비들을 마련해 놓는 정도였으니 전문성이 모자랄 수밖에 없었다. 경험도 전문성도 없는 소품 부에 의지하여 위험천만한 장면 앞에 노출될 수 있다는 무모함을 아무리 고려해 보아도 내게는 그 위험지수가 유난히 높을 수밖에 없는 특별한 이유가 있었다. 내 영화의 많은 부분, 중요한 부분이 액션 장면이었기 때문이다. 특히 전투 장면을 세심하고 실감 나게 촬영하기 위해서는 더욱더 위험을 감수해야 했다.

〈사르빈 강에 노을이 진다〉(1965)의 경우 역시 예외가 아니었다. 일본군이 진격 게릴라들의 박격포를 쏴서 터트리는 장면을 촬영할 때였다. 터지는 장소에다가 표시해 놓고 근처에 가지 말라고 했고, 테스트도 몇 번 한 후 촬영에 들어갔는데 결국은 엑스트라 한 명이 그 옆으로 지나가다가 공중으로 떠버리고 말았다. 죽은 것으로 알고 커트도 외치지 않은 채 뛰어들어가서 그를 끌어안았는데 다 잘려나간 것처럼 보였던 다리가 말짱했다. "괜찮으냐. 천만다행이다" 하고 안도를 하는데, 공중에서 떨어지며 내 머리를 치는 뭔가가 있었다. 좀 이상하다

했는데 머리에서 뜨거운 것이 흘러 내려왔다. 포탄을 장치해 놓고 돌은 전부 옆으로 치웠어야 했는데 그만 치우지 못한 돌이 공중으로 튀어 올라간 것이다. 얼마나 멀리 올라갔으면 다친 사람을 끌어안고 있을 때까지 날아 올라갔다가 떨어져서 머리를 내리친 것이다. 다행히 내 머리를 조금 비켜 나갔지만 열일곱 바늘을 꿰맬 정도의 중상을 입었다.

촬영이 진행된 광릉 숲에서 사고가 났으니 비교적 근거리에 있는 광릉 시내까지 가면 병원이 있을 것으로 생각했지만, 막상 광릉 시에 도착해 보니 병원이 없었다. 서울로 나가면 촬영을 중단해야 했다. "무슨 방법이 없느냐?" 물으니 "수의과 병원이 있다"고 했다. 그나마 수의과 병원이라도 갈 수 있는 것에 감사할 상황이었다. "거기로 가자" 요청해서 수의과 병원으로 찾으니 수의사가 "웬일이냐?" 깜짝 놀라 물었다. 본인은 외과 의사가 아니고 수의과 의사라고 극구 거절하며 심지어 마취제도 없다고 펄쩍 뛰었다. "마취제 없어도 괜찮다. 하여튼 꿰매주기만 하면 돼"라고 하니 결국 마취제도 없이 열일곱 바늘을 꿰매 주었다. 그리고 그날 촬영을 강행한 뒤 끝냈다. 고통스럽긴 했으나 무사히 수술도 촬영도 마쳤으니 참으로 다행이라고 생각했다.

• 영화를 위해 헌신하다 순직한 최호진 촬영감독

〈흑야괴객〉(1971)의 최호진 촬영감독은 그 힘겨운 촬영 여건 속에서 영화를 위해 순직한 '최고 중의 최고'인 잊을 수 없는 영화인이다.

홍콩 영화사 쇼브라더스에서 골든하베스트로 옮긴 후 첫 번째 촬영한 작품이 〈흑야괴객〉이었다. 중국 촬영감독을 거절하고 일부러 최호진 촬영감독에게 요청했다. 당시에는 최호진 촬영감독이 정일성 촬영감독보다 더 앞서가는, 열정적이고 학구적인 촬영감독이었기 때문이다. 그래서 최호진 촬영감독을 홍콩으로 초빙했고 〈흑야괴객〉 촬영을 요청했다.

경기 마석에서 자동차 추격 장면을 촬영 중이었다. 자동차가 카메라 옆으로 달려서 지나가는 장면을 찍는 그 길이 모두 급커브 길이었다. 최호진 촬영감독이 카메라를 대놓고 자동차가 카메라 앞으로 달려와서 빠지는 걸 찍을 때였다. 나는 '오케이'를 했는데, 최호진 촬영감독은 "차가 조금 더 카메라 앞으로 들어왔으면 좋겠다"며 만족하지 못했다. "아이, 됐는데 뭐" 해도 막무가내로 예술가 기질을 발휘했다. 최호진 촬영감독은 조금 더 카메라 앞으로 들어오도록 운전사에게 요청했다. 나는 결국 "그래 한 번 더 찍자" 물러나 최호진 촬영감독 뒤에 섰다.

그렇게 다시 한 번 달려오는 자동차 장면을 찍고 있었다. 그런데 이때 자동차 뒷바퀴가 그만 빠져버려서 갓길로 미끄러지면서 카메라를 치고 말았다. 최호진 촬영감독과 나는 붕 떴다가 둑 밑으로 떨어졌다. 한참 후에 정신을 차려보니 최호진 촬영감독이 옆에 쓰러져 있었다. 그런데 기막히게도 눈이며 코며 귀에서 피가 흐르는 것이다. 보통 다른 촬영감독은 뷰파인더viewfinder(촬영할 때 화면을 구성하는 데 있어 편리하도록 피사체를 관찰할 수 있게 고안된 카메라 내의 광학 장치)를 오른쪽

116

눈으로 보는 편인데, 최 촬영감독은 왼쪽 눈으로 보았다. 자동차가 카메라 메가진을 치고 그 메가진이 이마 중심 급소를 치고 말았다. 얼른 그를 끌어안으니 조금 움직이는 것 같아서 차에다 옮기고 청량리 큰 병원으로 이송했다. 그런데 중간쯤 가다가 그만 내 무릎 위에서 숨이 끊어지고 말았다. 응급실로 데려가서 의사를 부르니 "이미 숨이 끊어졌다"는 말만 돌아왔다. 전쟁도 겪고 수많은 죽음을 보았던지라 정신 바짝 차리려 노력했지만 역부족이었다. 가슴 무너지는 절망감 때문에 오열하고 말았다.

　최호진 촬영감독을 기억하며 당시에 사용했던 그 카메라를 오랫동안 보관하고 있었는데, 한국영상자료원에서 기증해 달라 요구하기에 수락하고 말았다. 잠시는 아쉽지만 이제 공식적인 장소에서 여러 사람이 최호진 촬영가독의 체취를 느낄 수 있게 되어 다행이라 생각하기 때문이다. 이 자리를 빌려 다시 한 번 그의 고귀한 예술혼에 경의를 보낸다.

5.16 군사정권과 안양촬영소
그리고 신필름

The Man of Action Chang Chang-Wha

5·16 군사정권이 들어서면서 하루는 좀 '만나자'는 연락이 왔다. '그 사람들이 나를 만날 이유가 없는데, 왜 보자 그러나' 의아했다. "시청 뒤에 안가가 있는데 거기서 좀 만났으면 좋겠다" 해서 갔더니, 김종필 씨하고 민간인으로서는 유일하게 혁명에 가담했던 장태화 씨 (나중에 서울신문사 사장이 됐다)가 기다리고 있었다. 조금 뒤 유현목 감독, 신상옥 감독, 시나리오 작가 김강윤 씨도 도착했다. 주로 김종필 씨가 얘기했다. "5·16 군사혁명을 우리 국민한테 곡해가 없도록, 왜 할 수밖에 없었는지 얘기를 영화로 만들어다오"라는 것이 말의 요지였다. 그러면서 자기네들이 5·16 군사혁명을 왜 하게 되었는지 그 필연성과 당위성을 설명했다. "당시 장면 정권이 나약하고 민족청년단을 영도하고 있던 이범석 장군이 혁명을 일으키려고 했기 때문에 군에서 나서지 않을 수 없었다. 자금이 없어서 한국은행을 털어서 자금을 만들려고 했다"고 말을 이어갔다.

얘기를 듣고 난 뒤 신상옥 감독이나 유현목 감독 모두 반색인 눈치였다. 그도 그럴 것이 열악한 제작 환경 속에 겨우 버티며 영화를 하는 감독 입장에서 그때 실권을 잡고 있는 사람들이 영화를 만들어 달라고 하니 당연한 반응이었다. 그러나 나는 좀 다르게 생각했다. 당시는 7월 말쯤인데 그때부터 계획을 세우고 시나리오를 쓴다 해도 빨라야 11월 초에나 촬영에 들어가게 되니 부정적인 얘기를 하지 않을 수 없었다.

"경험에 의하면 기획하고 시나리오 쓰고 촬영 준비를 하고 나면 11월 초가 됩니다. 그런데 연대병력이 서울로 진군해 온 5·16은 녹음이 무성해지기 시작하는 초여름이니 계절적으로 안 맞습니다." 그렇게 말을 하니 장태화씨가 "아니 영화감독이 그런 것쯤 처리 못 하느냐?"며 버럭 화를 내는 것이다. 그래서 "영화감독이 전지전능한 신도 아니고 어떻게 계절을 바꾸느냐. 그런 말도 안 되는 소리 마라" 하고 맞받아쳤다. 그런데 옆에 있던 신상옥 감독이 "된다"는 것이다. 그래서 내가 "어떻게 돼?" 하니, "안양촬영소를 빌려주면." 이라고 말했다. "허…."소리가 나왔다. 손익계산에 유난히 순발력이 좋았던 신 감독다운 발상이고 발언이었다. 그때 안양촬영소는 홍찬 씨가 만들었지만, 자금이 부족해서 산업은행에 압류당해 있던 상태였다. "안양촬영소를 주면 거기에다가 시가지를 짓고 찍겠습니다."

그의 제안은 나로서는 지극히 무모하고 낯두꺼운 거래였다. 선죽교를 피로 적실지언정 세상과 타협하지 않던 포은 정몽주 가문의 후예답게 위태롭기 그지없는 바른 소리를 해댔다. "그게 분대 병력은 될 수 있겠네." 나는 군에서 활동해 본 사람이지만 신상옥 감독은 군대에 안 가봤으니 감이 없었던 거로 생각했다. 그래서 "연대 병력이 어떻게 탱크를 밀고 세트장 안으로 들어오느냐. 말도 안 되는 소리다. 될 걸 된다 그래라"며 타박을 했다. 그러니 장태화 씨가 유 감독을 보고 "어떻게 생각합니까?"라며 눈치를 봤다. 유 감독은 "글쎄요…" 하며 얼버무리고 말았다. "유 감독, 안 되는 거는 안 된다 그래. 나중에 그 책임을 어떻게 감당하려고 그래" 라고 말했다. 그러고선 "저는 안 됩니다. 이건 도저히 방법이 없습니다. 하시려면 내년에 합시다. 그동안에 충분히 준비 기간을 가지고."라고 얘기할 수밖에 없었다.

그런데 그때 뒤에 누군가 와 있다는 느낌이 들었다. 얼핏 박정희 전 대통령과 차지철 전 경호실장이 저쪽 문가에 보였다. 우리 대화 내용을 듣고 있었던 모양이다. 박 전 대통령은 "정창화 감독님 말씀이 맞습니다." 그 말만 한마디 하고 사라졌다. 그제야 김종필 씨가 "그 얘기가 옳은 것 같습니다. 그러면 이 작품은 없던 것으로 합시다" 하고 대화는 종결되었다.

장태화 씨부터 신 감독, 김강윤 작가까지도 '이 통에 좀 뭔가 하면 나름대로 도움이 될 거다' 이렇게 '기회'라고 생각하는데 난 '군사정권과 유착해서 따낼 수 있는 절호의 기회'에 반대하고 나서서 진행을 와해시켜 버린 것이다. 그들의 모든 원망은 내게로 집중되고 말았다. 그래서 "하고 싶으면 당신들끼리 해. 내년에 할 수 있으니까 김종필 씨한테 얘기 잘해서 해봐라" 하고 돌아와 버렸다.

영화에 드리운 권력의 그늘

내가 본 신 감독은 자기가 하고 싶은 일에 대해서는 수단과 방법을 가리지 않는 사람이다. 나중에 촬영감독 김학성의 부인이던 최은희와 결혼까지 했듯이 이 친구는 이때도 호기를 절대 놓치지 않았다. 결국 최은희를 앞세워 제작비 지원을 받아 신필름을 세우고, 안양 촬영소를 신필름의 것으로 만들었다.

최은희는 북한군이 서울을 점령하고 남쪽으로 밀어붙일 때 조선영화동맹 동맹원으로 활동하다가 이북으로 올라갔던 적이 있었다. 평양을 향해서 가다가 어느 지역에서인지 6사단이 다시 북진하고 있을 때 포로가 됐다. 그 소식을 국방부 정훈국 촬영대 시절 들었는데, 그때 촬영감독 김학성이 최은희의 남편이었다. 김학성은 미국 UPI와 국방부 정훈국 촬영대에 이중으로 적을 두고 전선을 누비면서 뉴스 촬영을 하고 있었는데 자기 부인이 6사단의 포로가 됐다는 소식에 부인을 데리러 최전방으로 갔고, 어찌어찌 어렵게 보증을 서서 대구로 그녀를 데려왔다. 대구에서 우리 촬영대에다가 최은희를 부탁하고 자신은 다시 전선으로 나갔다.

김학성이 안양 전투를 촬영할 때였다. 관악산에서 북한군들이 연합군과 국군에게 몰려서 저항을 하고 박격포 반격을 하는 중에 김학성은 중상을 당해 대구 제16육군 병원에 후송되었다. 그때 나와 뉴스카메라맨인 김덕진, 김강위, 김종한 등이 교대로 그의 병간호를 했다. 어느 날 이분이 담배를 달라고 해서 드렸는데, 가슴 구멍에서 연기가 나오는 것이다. 깜짝 놀라 군의관을 불러 "이분을 꼭 살려야 하는데, 이거 가슴 구멍에서 연기가 나올 정도면 안 되지 않느냐?"고 했다. 군의관은 "페니실린이 필요한데 하도 전상자가 많아서 페니실린이 부족하다"는 것이었다. 그 얘기를 듣고 우리 몇몇이 페니실린 비용을 각출하여 대구 암시장에서 어렵게 페니실린을 구해 군의관에게 가져다주며, "특별히 이분을 좀 살려 달라" 부탁했다.

천신만고 끝에 김학성은 살아나게 되었지만, 그동안 최은희는 남편에게 별로 찾아와 보지 않아 우리끼리 말이 많았다. 그 무렵 신 감독이 〈코리아〉(1954)라는 다큐멘터리를 찍었는데, "최은희를 꼭 쓰고 싶다"고 해서 그를 주연으로 기용했다. 그런데 두 사람 사이에 스캔들이 생긴 것이다. 그러는 사이 김학성이 퇴원했고, 우리는 스캔들 얘기를 숨기느라 애썼지만, 어떻게 소문을 들었는지 그가 신 감독을 쫓아가 때리는 등 한판 난리가 나게 되었다. 결국, 폭행 소동이 벌어지는 바람에 두 사람의 관계는 더 공공연하게 돼버리고, 결국 두 사람은 동거를 시작했다. 그렇게 해서 공식적인 신상옥·최은희 커플이 탄생하게 된 것이다.

김학성은 신사적이고 존경받는 분이었으며 인격적으로도 훌륭한 분이어서 형님처럼 생각하고 있었다. 그런 분의 부인과의 부적절한 관계에 대해 화가 났던 나는 신 감독을 몇 년 동안 쳐다보지도 않은 적이 있다. 당시 신 감독은 본격적으로 자기가 하고 싶은 작품에 최은희를 주연시키면서 승승장구하게 된다. 거기에다가 당시 세상을 쥐락펴락하던 박정희 군사정권의 지원을 받으면서 그의 영향력은 커질 수밖에 없었다. 군사정권에 적극적으로 협조하던 야심 찬 신 감독은 5·16 군사혁명과 박정희 정권이라는 순풍을 타고 좋은 작품을 만들게 된다. 권력과 손을 잡은 신 감독과 최은희 그리고 신필름은 한국영화사의 중요한 역사가 된 것이다.

군사정권의 외압, 그래도 영화는 계속된다:
돌무지1967와 중앙정보부 감찰실
그리고 순간은 영원히1966와
홍콩 쇼브라더스의 제안

The Man of Action Chung Chang-Wha

1961년 5·16군사혁명 이후 62년에 국가재건최고회의에서 전격적으로 발표한 영화법에 의해 영화계가 하루아침에 재편되어 71개사에 이르던 영화사가 17개로 통합되었고, 신규 영화사 등록은 거의 불가능한 통제 상황이었다. 시나리오는 사전 심의를 했으며, 작품이 완성되면 검열도 강화되었다. 이런 외압적이고 살벌한 분위기에서 좋은 작품이 나오기는 힘들겠다고 판단했다. 후에 사가史家들이 평하는 군사정권 이후 한국문화의 쇠퇴기, 특히 '한국영화의 암흑기'가 시작되는 징조를 느끼고 있었다. 나중에는 심지어 영화사 등록제에 의무 편수 조항까지 추가되었다는데 난 그때 이미 홍콩에서 영화를 찍고 있어서 그 지경까진 못 겪었으니 불행 중 다행이라고 할 수 있겠다.

당대 최고의 배우 윤정희, 신성일 주연의 〈돌무지〉(1967)를 촬영할 때였다. 당시 배우들이 대부분 그랬지만 특히 윤정희와 신성일은 최고의 스타였고, 당연히 일정 변동이 잦았다. 어느 날 새벽, 집 앞에 구급차가 오더니 "잠깐 타시죠" 하여 신원확인을 하니 중앙정보부라고 했다. 한양녹음실 뒤 중앙정보부 감찰실에 도착해 보니, 커다란 돔같이 둥근 천정의 미군 병사 막사 형태를 한 건물 안 한가운데에 의자 한 개만 덩그러니 놓여 있었다. 한 시간쯤 혼자 앉아있으려니 별별 생각이 다 들었다. 본의 아니게 깊이 있는 반성(?)을 해야 했다. 한 시간 후 방준모 대령이라는 감찰실장이 들어와서 깜짝 놀랐다. 그는 동네 후배라서 늘 내게 깍듯이 "형님"으로 칭하던 이였는데, "정 감독"이라고 호칭을 바꿔 협박했다.

"〈돌무지〉란 반공영화 찍는 데 그렇게 협조 안 할 거냐? 촬영 진척

이 없어서 김형욱 중앙정보부장한테 기합을 받고 있다"고 그는 말했다. 내가 〈돌무지〉의 감독인데 협조를 안 하다니? "당신은 오해하고 있다. 그 책임은 내게 있지 않다. 배우들의 스케줄은 영화사 제작부장이 잡는 것"이라고 설명했다. "배우만 데려오면 언제든지 촬영할 수 있다"고도 말했다. 다음 날 그들이 배우를 데려왔고 제작부장 김성희가 혼이 나는 것을 보며 나는 만감이 교차했다.

● 한국영화 암흑기에 찍은 한·홍 합작영화

그즈음 난 한국·홍콩 합작영화를 한창 찍고 있었다. 한국·홍콩 합작영화는 일찍이 〈망향〉(1958)부터 시도됐다. 홍콩의 아주전영공사에서 합작 제안을 했고, 촬영기사는 지금 강원산업 부회장으로 서울공대 출신인 정인엽이었다. 한국 측 출연자는 양미희, 김석훈, 노능걸, 주선태 등이었고, 홍콩 측에서는 상관청화라고 하는 육체파 여배우, 홍콩의 저명한 감독 강명, 스타 여배우 맥링이 여자 주인공, 〈정무문〉을 감독한 로 웨이羅維, Wei Lo, 로 웨이 부인 류량화 등이 조연으로 출연했다.

합작 조건은 상호 기술 교류는 물론, 제작비 절감을 위해서 제작비를 반반씩 부담하는 것이었다. 시장성 확보를 위해 한국과 홍콩시장을 나누어 개척하자는 취지에서 합작이 이루어진 것이다. 그런데 가장 어려웠던 점은 촬영하는 과정에서 발생한 양측 스태프의 언어 소통 문제였다. 지금은 중국어 통역도 많고 중국과 교류가 활발해서 중국 유학생도 많지만, 그 당시에는 막막했다. 언어 소통 문제 때문에 두 달 예정이었던 촬영이 네 달 걸리는 식이었다. 나는 다행히도 학창 시절 외국어를 영어가 아닌 중국어로 선택한 덕분에 활동하기에 불편하지 않을 정도로 할 수 있었지만, 전문적인 말은 할 수 없었으니 어려움은 마찬가지였다.

넉 달 넘게 촬영 일정을 초과하다 보니 홍콩 쪽은 자금 사정이 좋았고 우리는 넉넉지 못할 때인지라 어려움이 많았다. 그래서 촬영이 끝나고 프린트를 모두 다 만든 다음에 우리 쪽 제작자는 필름 원판을 '아주전영공사'에 아주 줘 버릴 수밖에 없었다. 원래 듀플리케이트 네거티브*duplicate negative*(원본을 복사한 마스터 포지티브*master positive*로부터 프린트한 네거티브 필름. 상영 프린트를 만드는 원본이 된다)를 만들고 난 후 복사본을 보내줘야 하는데, 영세하다 보니 이 과정을 생략하고 원판을 주게 되어 〈망향〉 역시 남은 필름이 한국에 없다.

그 후에도 합작 제의는 끊임없이 이어졌다. 특히 로맨스 줄거리가 많았는데 그중에서 〈봉화청천(중) 비련(한) 1967〉, 〈장상억(중) 조용한 이별(한) 1967〉, 〈순간은 영원히〉(1966), 〈망향〉(1958), 〈정염〉(1968) 등이 기억난다. 이 중 절반은 지금도 홍콩에 프린트가 남아 있다. 2004년에 홍콩에서 있었던 회고전에서는 〈조용한 이별〉이 상영됐다. 그 작품 같은 경우도 홍콩에는 필름이 있는데 한국에는 없는 안타까운 상황의 한 예에 해당한다.

〈조용한 이별〉은 전쟁이 가져온 비련을 담고 있고, 〈장상억〉은 중국 제목이었던 '長·想·憶'이라는 제목이 암시하고 있듯이, 한국 청년

〈순간은 영원히〉 1966년, 남궁원. 김혜정. 윤일봉

을 잊지 못하고 항상 마음속에 지니고 있는 한 여성의 이야기다. 이런 멜로드라마들이 홍콩 시장에서 꽤 반응이 좋았다. 그래서 계속 같은 스타일의 영화를 제안받았지만, 난 그때 이미 액션 영화에 발을 들이고 이에 전념하고 있었다. 말하자면 그런 영화는 내게 외도 같은 것이었다.

〈순간은 영원히〉(1966) 같은 경우, 홍콩으로 스카우트 된 결정적 계기가 된 작품이다. 한국과 일본, 홍콩, 대만 등에서 현지 로케이션했고, 한국 배우로는 남궁원, 윤일봉, 김혜정, 홍콩 배우는 장중문, 맥링, 왕호가 출연했다. 홍콩 번화가에 우리 주연 배우들을 출연시켜 몰래 카메라 식으로 촬영한 장면 때문에 특별한 평가를 받았다. 거리의 행인들이 촬영인지 실제 상황인지 아무 영문도 모르고 있다가 난데없이 총격전이 벌어지자 거리는 아수라장이 되었다. 총알이 날아다니는 한가운데 그들이 서 있다고 생각하니 얼마나 놀랐겠는가? 물론 경찰이나 관공서에는 사전에 비밀리에 통보했고, 시민들에게는 공지를 안 했으니 사실적인 장면을 카메라에 담을 수 있었다. 배우들의 클로즈업 장면은 조용한 뒷거리에서 망원으로 담았다. 아주 감쪽같았다.

이 장면을 눈여겨본 사람이 당시 홍콩 최대 영화사인 쇼브라더스유한공사邵氏兄弟有限公司, Shaw Brothers Limited(이하 쇼브라더스)의 사장 란란쇼邵逸夫, Run Run Shaw였다. 란란쇼 사장이 내게 스카우트 제의를 했다. 그는 "홍콩 감독들이 이런 장면을 촬영하려면 스튜디오 안에 세트를 짓고 막대한 제작비를 들입니다. 그런데도 사실적으로 화면에 담지 못하는데, 당신은 제작비도 절감하면서 완성도 높은 영상을 화면에 담을 수 있었습니다"라며 극찬했다. 그리고 자신은 호금전, 장철, 예풍, 리한샹 같은 홍콩 무협영화 거장들을 많이 거느리고 있지만, 현대물 액션을 하는 감독이 없으니 내가 절대적으로 필요해서 꼭 영입하고 싶다는 것이다. 그렇게 해서 제안한 전속 감독 연출료라는 것이 한국에서는 상상할 수 없는 거액이었다. 더구나 1년에 세 작품을 보장해 준다면서 "5년 계약을 하자"는 것이었다.

아시아 굴지의 영화사 쇼브라더스는 홍콩 클리어 워터 베이*Clear Water Bay*, 청수완에 쇼 무비타운*Movie Town*을 가지고 있었고, 세계 각국에 1,200여 개의 극장을 가지고 있었다. 가히 아시아의 할리우드라 해도 과언이 아니었다. 좋은 제작 환경 속에서 좀 더 국제적으로 활동할 기회였고 자기 역량 여하에 따라서 얼마든지 뻗어 나갈 가능성이 열린 꿈같은 제안이었다. 난 흔쾌히 란란쇼의 제의를 수락했다. 쇼브라더스로 가기로 한 것이다.

황혼의 검객¹⁹⁶⁷과 트램펄린 효과

The Man of Action   Chung Chang-Wha

〈순간은 영원히〉(1966)로 쇼브라더스의 란란쇼 사장에게 주목을 받게 되었고, 스카우트 결정이 이뤄졌지만, 아직 한국에서 촬영해야 할 진행 중인 영화들이 있었다. 늘 새로운 시도를 해왔고 비교적 성공했던 점, 그러므로 또다시 새로운 시도를 거침없이 해볼 수 있다는 점 등 긍정적 순환 고리를 타고 보니 어느덧 '새롭다'는 것은 내가 영화를 만드는 저력이 되어 있었다.

데뷔 이후, 현대물, 청춘물, 사극, 멜로드라마, 액션영화 등 고르게 다 해보니 좀 더 색다른 시도를 해보고 싶어졌다. 그때 호금전胡金銓 감독의 〈방랑의 결투〉(1966)를 보고 인상 깊어서, '이런 작품을 해 보고 싶다'는 생각이 들었다. 그러나 모방할 수 없으니 우리 나름대로 할 수 있는 것이 없을까 모색하다가 시나리오 작가 곽일로 와 상의하게 됐다. "검객물을 한번 해보고 싶은데, 얘깃거리를 만들자" 하고 의견을 나눈 끝에 장희빈 시대를 배경으로 검객 주인공을 등장시킨 것이 〈황혼의 검객〉(1967)이었다.

처음 시도하는 모든 것이 그러하듯 역시 어려움이 많았다. 무술 지도도 스턴트맨도 없으니, 검술 장면을 어떻게 처리할지가 고심이었다. 새로운 것에 대한 도전은 내게 힘이 되었지만 막막한 현실은 또다시 암담했다. 연출자로서 무에서 유를 창조하는 것이야 이제 다반사가 되었지만, 또 다른 시도를 하자니 다시 새롭게 시작해야 했다. 결국 '이 영화는 영상미학을 중심에 두면서, 몽타주 기법으로 처리하자'로 방향을 정했다.

예컨대 20여 개의 말 동상들이 세워져 있는 사이에서 남궁원과 허장강이 결투하게 해 동상들을 미학적으로 처리하고자 했다. 한 폭의 동양화같이 아름다운 우리 고성의 '한국적인 선'을 활용하여 궁의 지붕만 보이는 능선을 설정해 놓고 그 미장센을 통해 압축적이고 효율적으로 주제를 표현하려 했다. 그곳에서의 둘의 결투 장면은 몽타주로 짧게 편집했다. 거기에 그치지 않고 사람의 키를 훌쩍 뛰어넘는 장면 표현을 위해 국내 처음으로 트램펄린*trampolin*을 사용해 보기도 했다. 당시까지 한국에서는 아무도 트램펄린을 사용할 줄 모르던 때였으니 대담하고 놀라운 시도였다.

허장강이 위로 뛰어넘어가면서 팔을 자르는 장면이 트램펄린을 사용한 장면이었다. 기대 이상으로 매우 효과적이었기 때문에 이때부터 트램펄린은 내가 특별히 애용하는 도구가 되었다. 와이어 액션은 너무 느려서 박진감이 떨어졌고, 트램펄린을 사용하면 속도감 넘치는 액션이 연출될 수 있었다. 특히 던져진 사람이 공중으로 날아가서 바닥에 나가떨어지는 역동적인 한 장면 같은 경우, 마룻바닥 사이에 파우더를 뿌려놓아 떨어질 때 푹석 먼지가 피어오르는 멋진 미장센 효과를 만들어 냈다. 빠르고 액티브한 액션과 먼지가 가득 피어오르는 화면으로 어느 한 곳도 빈틈없이 박진감이 넘쳐나게 하고자 했다.

나름대로 특수효과도 시도했다. 남궁원이 상대 수하를 죽이는 장면에서 한 번에 목이 잘려 날아가는 장면의 경우, 따로 제작해 둔 사람 머리를 머리 위에 다시 뒤집어씌우고 남궁원이 진짜 칼로 한 칼에 벴다. 실전 같은 연습을 여러 번 시행한 후 다이내믹하게 머리가 날아가는 장면을 찍을 수 있었다. 그렇게 실험적인 시도로 만들어 낸 〈황혼의 검객〉은 '무에서 창조한 유'나 다름없었고 주어진 여건에 비해 비교적 완성도 높은 영화를 만들 수 있었다.

● 〈황혼의 검객〉의 수려한 미장센과 이후 영화들

2004년 7월, 프랑스 파리 시장이 주관하는 파리 시네마 인터내셔널 영화제에 초청받아 회고전을 한 적이 있다. 〈죽음의 다섯 손가락〉, 〈노다지〉, 〈사르빈 강에 노을이 진다〉, 〈황혼의 검객〉 등 다섯 편이 상영되었다. 〈황혼의 검객〉이 종영된 후 극장에 입장하니 1천여 명 되는 관객들이 감독과의 대화를 기다리고 있었다. 어떤 프랑스 관객이 "컬러 영화로 만들었으면 참 멋있겠습니다. 그런데 흑백으로 봐도 너무나 아름다웠습니다"라고 하며 미장센에 대해 찬탄했다.

왕비가 입고 나오는 의상을 예로 들며, "이런 것을 컬러로 찍었으면 얼마나 멋있겠습니까?" 하는 식의 아쉬움 같은 것이다. 더불어 한국의 역사에 대해서 상당히 심도 있는 질문을 하며 파고들기도 했다. 당시 관객과의 대화는 생각보다 깊이 있고 분석적이어서 프랑스 사람들은 영화를 생활의 일부로 생각하는 사람들이니 질문하는 것도 상당한 식견을 바탕에 두고 있다는 생각이 들었다. 그런 프랑스 시민들로부터 깊은 인상을 받았다.

〈황혼의 검객〉의 미장센은 사실 앞 장에서 '만주 대륙물'의 시대를 열어젖혔던 영화 〈지평선〉 첫 장면의 미장센에서 시도했던 미학적 접근 방법과 비슷하다. 조미령과 김석훈이 주연을 맡아 연인으로 나왔고, 나라를 찾겠다고 목숨을 바친 사람들의 얘기가 주제였는데 첫 장면에 그 당시 주어진 여건 내에서 할 수 있는 최선의 특수효과를 시도했다.

석양이 질 무렵 화면 가득 태양이 배경으로 크게 떠 있고 하나의 점과 같이 말 한 필이 실루엣으로 카메라를 향해서 롱 숏으로 달려온다. 그 뒤로 말 예닐곱 필이 추격하면서 말 위의 사람들이 총을 쏜다. 주인공 김석훈의 얼굴 옆을 스쳐 지나가는 총탄의 불꽃들…. 그 장면을 위해 주인공 김석훈을 스튜디오 안에 있는 말 조형물 위에서 달리게 하면서 불빛이 나는 실탄(예광탄)을 사방에서 쐈다. 화면을 보면 총알이 날아다니는 것이 보인다. 말 인형을 탄 김석훈을 화면 중심에 잡아 놓고 뒤에서 비추는 예광탄이 이쪽으로 날아오고 저쪽으로 날아가는 것을 교차 편집해서 특수효과를 낸 것이다. 김석훈이 탔던 말이 고꾸라지니 말을 방패 삼아 예닐곱 사람을 장총으로 사살하고 그들의 무기를 노획해서 자기 진영으로 돌아가는 장면이었다. 지금 같으면 컴퓨터 그래픽으로 얼마든지 쉽게 할 수 있는 장면이겠지만, 당시로선 머리를 쥐어짜다시피 궁리를 거듭하여 만든 만족스러운 장면이었다.

〈나그네 검객 황금 108관〉(1968)은 〈황혼의 검객〉 성공 이후 세기영화사에서 요청하여 만든 작품이다. 그때 이미 홍콩 쇼브라더스와 전속 계약이 맺어진 상태였기 때문에 사실 이 작품은 하지 않으려고 했다. 완성을 시켜놓고 가자니 배우들의 스케줄이 맞춰지지 않았다. 제작자가 다 맞춰 주겠다고 약속해서 시작한 작품인데, 홍콩 계약 날짜가 임박할 때까지 반 정도 촬영했을 뿐이었다. 쇼브라더스에 연

〈황혼의 검객〉 1967년, 남궁원, 윤정희

락해서 "이쪽 사정이 여의치 않아 좀 늦어질 것 같다. 늦어도 연말까지는 가겠다"고 했다. 1967년 12월이었다. 결국, 배우들 스케줄 때문에 마무리가 안 되니 할 수 없이 연출부 서열 1위 김순식 조감독에게 맡겼다. 함께 진행되던 다른 영화 〈광야의 결사대〉(1966)는 전우열 감독에게 맡겼다. 양쪽 영화사 사장한테 찾아가 "도저히 내가 완성을 못 한다. 난 어떻게든지 완성을 해주고 가고 싶었는데, 또 감독은 그런 책임이 있는데, 잘못하면 국제 소송이 걸리니 어쩔 수 없다. 원래는 석 달이면 끝나야 할 것이 6개월에도 완성을 못 했으니 갈 수밖에 없다"고 양해를 얻고 홍콩으로 가야 했다.

이런저런 이유야 있었지만, 감독이 자기 작품을 완성하지 못하고 손을 빌려 맡기고 떠나버렸다는 것은 부끄러운 일이다. 그래서 〈나그네 검객 황금 108관〉이나 〈광야의 결사대〉를 내 작품 리스트에 넣는 것은 몹시 꺼려진다. 〈광야의 결사대〉는 지금까지 본 적조차 없고, 〈나그네 검객 황금 108관〉은 부산국제영화제 회고전 때 처음 볼 수 있었지만 내 작품이라 인정하기 어려웠다.

어렵고 영세한 여건 속에서 파란만장한 한국 초창기 영화제작 시기를 보냈던 나는 이제 한 시대를 접고, 설렘과 두려움 가득한 미래, 홍콩 쇼브라더스를 향해 출발했다.

쇼브라더스에 입성한 이방인 정창화,
메이저 시스템을 배우다

The Man of Action   Chung Chang-Wha

처음 쇼브라더스에 가서 놀란 것은 그 규모와 시스템이었다.

쇼브라더스는 당시 아시아 굴지의 영화사였다. 쇼 무비타운이라는 마을에 아파트를 여러 채 지어 놓고 배우와 스태프가 살 수 있는 주거 환경까지 갖추어 놓고 있었으며, 세계 각국에 1,200여 개 배급할 수 있는 극장을 소유하고 있었다. 거기에다 동시녹음 시설이 있는 스튜디오가 10개에다 명나라, 청나라 등을 배경을 한 사극부터 현대물까지 모두 촬영할 수 있는 무비타운 내의 대형 오픈 세트가 엄청난 규모로 들어서 있었다. 그런 어마어마한 위용은 감독이 자기 실력을 맘껏 발휘할 수 있도록 쇼브라더스에서 든든하게 뒷받침하고 있다는 것을 보여주는 것 같았다. 그것을 본 나는 '이런 여건이라면 얼마든지 훌륭한 영화를 만들 수 있다'고 자신감을 가졌고, 부푼 기대감을 가득 안고 쇼브라더스에 입성했다.

그런데 쇼브라더스의 감독들은 '이방인이 하나 나타났다'는 경계심과 질시하는 눈초리로 나를 지켜보고 있었다. 나로서는 그런 것에 신경 쓸 마음의 여유조차 없었다. 낯선 이국, 새로운 환경 속에서 영화감독으로서 성공해야 했기 때문이다. 뒤로 물러설 곳이 없었다. '나는 여기에 영화를 만들기 위해 왔다. 영화만 잘 만들자!' 이렇게 생각하며 더욱 영화에만 집중하는 생활을 했다.

나는 승부욕이 강한 감독이다. 더구나 나는 타국에서 온 외인부대 아닌가. '지피지기知彼知己면 백전백승百戰百勝'이라 했다. 쇼브라더스 사 소속 감독들의 능력을 파악하기 위해서 입사한 첫날부터 하루 세 시간만 자면서, 그들이 만든 작품 100여 편을 모두 보며 분석하고 연구하는 데 골몰했다. 그렇게 한 달 이상을 보내며 심기일전心機一轉하니 잘해낼 수 있다는 확신이 들었다. 나는 그들에게 지기 싫었고, 그들보다 월등한 영화를 만들고 싶었으며, 그것을 위해 내가 할 수 있는 최선의 노력을 해야 했다. 그 고군분투孤軍奮鬪의 과정에서 홍콩영화에 대해 식견을 넓혔고 경쟁자이자 동료인 홍콩감독들을 이해하는 깊이도 생겼으니 결과적으로는 일거양득一擧兩得이랄 수 있었다.

그러나 아무래도 처음에는 '굴러 들어온 돌' 취급을 받지 않을 수 없었다. 쇼브라더스에는 좋은 배우들이 많았다. 그러나 내가 월등한 위치에서 앞서가는 것을 싫어하는 감독들이 견제하고 놓아주지 않는 바람에 마음에 둔 배우들을 기용하지 못한 적이 있었다. 그럴수록 나는 더욱 드세게 날을 세우며 작품으로 경쟁하리라 다짐하곤 했다.

● 곡절 많은 쇼브라더스 적응기

지금 돌이켜보면 홍콩감독들은 훌륭한 경쟁자이자 오랜 홍콩 생활의 곁을 지켜준 친구이기도 했다. 생산적인 면에서는 경쟁심이 필요하다고 본다. 상호 발전과 견제를 위한 선의의 경쟁은 나 자신을 위한 비옥한 자양분이기 때문이다. 그러나 견제하고 경쟁하는 감독만 있었던 것은 아니다. 특별히 나는 호진취안胡金銓 감독을 매우 좋아했고, 그의 작품을 좋아했다. 그의 작품에는 낭만과 시詩가 흐르고 있었다. 그와 나는 배짱이 맞는 좋은 친구였다. 그런 그가 일찍 세상을 뜬 것이 못내 애석하다. 중국인의 생활상을 알기 위해서 서민들이 사는 주룽九龍 반도 우범지대의 마약 소굴을 찾았을 때가 생각난다. 위험하다고 그가 동행해 주었고, 그곳에서 진기하고 맛있는 토속음식을 먹으며 영화와 인생을 논했던 따뜻한 추억이 떠오른다.

어쨌든 외국인으로서 현지 감독들의 텃세도 견제도 우정도 모두 영화로 승화시키리라 독하게 마음먹고 영화에 몰입했는데도 막상 영화 촬영에 들어가서 보니 불만스러운 상황이 생기기 시작했다. 가장 불만스러웠던 것은 영화를 한 작품 만들려면 촬영기사가 그 작품을 끝까지 함께 책임져야 하는데 쇼브라더스 시스템은 그렇지 않다는 것이다. 한 열흘쯤 함께 촬영하던 촬영기사가 나타나지 않고 다른 촬영기사가 온 것을 보고 깜짝 놀랐다. 당황한 나는 '아, 내가 한국 감독이라서 차별 대우를 받고 있구나' 하고 오해를 했고, 란란쇼 쇼브라더스 사장한테 쫓아가서 "어떻게 촬영기사를 바꾸느냐. 이건 있을 수 없는 일이 아니냐" 하고 따져 물었다. 란란쇼 사장은 "나는 비즈니스맨이다. 내가 그 촬영기사하고 스태프들한테 월급을 주는 이상은 놀릴 수 없다"면서 "정 감독이 스튜디오에서 세트를 새로 짓는 동안에 촬영기사를 놀릴 수 없으니까 다른 작품으로 돌렸다"는 것이다. 그래서 내가 "그러면 그 작품에 대한 전체적인 톤을 누가 맞추느냐? 똑같은 촬영기사만이 톤을 맞추는데 어떻게 다른 사람이 와서 그걸 맞추느냐?" 하고 물러서지 않으니, 란란쇼 왈 "그것은 감독이 촬영기사한테 설명해서 맞추게끔 해야 한다"는 것이다.

그때 한 수 배운 것이 있다. '쇼브라더스 시스템이라는 것이 이런 것이구나' 당시로는 나를 포함한 한국영화계 누구도 생각하지 못한 시스템이었다. 어쩔 수 없었다. 다른 감독들도 그렇게 하고 있으니 나 또한 그 시스템을 받아들일 수밖에.

당시 이노우에 우메츠구井上梅次라고 하는 유명한 일본 감독이 쇼 브라더스에 와 있었고, 그 밖에 일본 감독 몇 사람이 연출하고 있었 는데, 결국 쇼의 시스템에 적응하지 못하고 한두 작품 하고는 재계약 이 안 되니 돌아가 버렸다. 내가 있을 무렵 김수용 감독, 장일호 감독 이 왔다. 김수용 감독은 한 작품 하고 '도저히 못 하겠다'며 향수병에 걸려서 손들고 돌아갔고, 장일호 감독은 다음 작품 재계약이 성사되 지 않아 돌아갔다. 쇼브라더스라는 곳은 뭔가 '이용가치가 있다'거나 '중국 감독이나 중국 스태프들한테 교본이 된다'면 외국 감독도 계약 했다. 란란쇼 사장은 중국 감독 교육 시스템을 병행 운영한 것이다.

● 쇼브라더스의 독특한 제작 시스템

쇼브라더스에 가서 느낀 점은, 다른 무엇보다도 합리적이고 효율적 인 핵심 시스템이었다. 예를 들면, 촬영 단계를 세분화해서 치밀하게 작업해 나갈 수 있는 회의 시스템을 갖추고 있었다. 기획자, 감독, 제 작자가 함께 둘러앉아 시나리오를 놓고 기획회의를 하면 그 책에 대 해 서로 진지한 의견 교환이 나와야 한다. 왜냐하면, 시나리오 쓴 사 람은 한 사람이고 한 사람의 머리라는 것은 한계가 있으니 말이다. 감 독도 물론 전체적으로 다 안다고 하지만 미치지 못하는 부분이 있게 마련이다. 기획회의에서 각자가 의견을 제시하고 거기에 뭔가 허점이 있으면 수정하면서 관객의 입장에서 최종까지 검토하여 과연 이 작품이 극장에서 어느 정도의 성공을 할 수 있을까 예측하는 것이다.

그리고 난 다음 각 기술분과 회의에 들어간다. 예를 들어 세트 디자이너 회의 때 감독이 "나는 이 장면을 이렇게 가고 싶다" 하면 디자이너들이 메모해 놓고 감독의 뜻을 반영하는 것이다. 또 촬영은 "너무 평면적인 것보다는 톤이 있는 그림이 돼야겠다. 나는 평면적인 그림을 싫어한다"고 하면 전체적으로 평면적인 그림을 지양하고 조명도 그렇게 따라간다. 소도구라면 미리 "중간에서 칼이 어떻게 부러진다" 등 미리 이런 얘기를 해 둔다. 그런데 한국은 이런 것이 생략되어 버리니 현장에서 부러뜨려 촬영하게 되고 감독이 생각하는 것과 전혀 다르게 진행된다.

그래서 감독은 스태프 회의를 할 때 이미 완성된 콘티뉴어티(촬영대본)를 준비하고 있어야 한다. 콘티뉴어티가 완벽하게 되어 있으면 그 콘티에 따라 주문을 할 수 있다. 그렇게 되면 소도구는 감독이 요구한 대로 어느 장면scene에서 칼이 어떤 식으로 부러져야 하고 그 칼이 상대방 가슴에 어느 정도 꽂혀야 한다든지 또 피는 붉은색이냐 검붉은색이냐 등 세부적인 검토가 가능하다. 검은색에 가까운 피로 시간이 지났다는 것을 표현할 수 있다는 점과 같이 장면 구성을 위한 상세한 것까지 통제할 수 있었다. 반면 한국영화 현장에서는 '죽었다' 하면 대충 붉은 색깔을 뿌려 놓는다. 콘티가 없고 연구를 안 하니 그런 두루뭉술한 결과가 나오게 되는 것이다. 확실한 콘티뉴어티를 준비한 나는 스태프들에게 "처음에는 이런 색깔이지만 다음 장면에서는 이미 죽어 있는 사람이니까 색깔이 좀 검은색에 가까워져야 한다"며 구체적인 요구를 할 수 있게 된다.

특수효과의 예를 들자면, 한번은 이런 경우가 있었다. '창이 날아온다. 상대방이 창을 던졌다' 하면 창이 그냥 날아가는 것이 아니고 내가 요구하는 상황, 예컨대 "카메라를 향해 날아오게 해야 한다"는 식의 구체적 요청을 했다. "어떻게 카메라를 향해 날아옵니까? 못하겠습니다" "해봐라" "도저히 이건 못하겠습니다" 그래서 "카메라 앞 렌즈에다 와이어를 달아 창을 카메라 앞에서부터 역회전해서 뒤로 잡아채라" 역회전으로 찍었으니 카메라가 날아오는 것처럼 보이는 효과를 노린 것이다. 나는 이런 방법적인 것까지 모두 사전에 연구하고 적절히 요청하며 진행해 나갔다.

감독이라는 직업이 참으로 쉽지 않은 일이다. 피곤한 직업이다. 나 같은 경우에는 하루 세 시간밖에 못 잤다. 못 잔 시간만큼 이 궁리 저 궁리를 다 해서 촬영에 차질이 없도록 해야 했으니 말이다. 배우들과의 회의에서는 "당신은 무슨 역할이야. 책에 나온 것은 이러이러하지만, 당신은 뭔가 조금 부족한 연기를 해야 한다. 그러니 그것을 연구해 와라" 이런 얘길 해줘야 준비가 될 수 있다. 준비 없이 현장에서 바로 "넌 좀 모자란 역할이니 그런 연기를 해봐라" 하면 서로가 난감할 뿐이다. 배우와 회의하면서 사전에 성격 규정을 해줘야 한다. 여배우 같은 경우 "너는 너무 참신하다. 네 역할은 요염한 역할이다" 등 일일이 지적해 줘야 하는 경우가 많다.

한국에서는 조연급 배우들이 대부분 오버 액션을 하는 편이다. 어느 미국 영화 평론가는 한국영화를 혐오스럽다고 혹평을 했는데, 이유는 '한국 배우들은 대부분 오버 액션을 한다'는 것이다. 우리는 한국영화나 드라마에 젖어서 잘 모를 수 있는데, 중국 삼류 영화를 생각해 보면 금방 이해할 수 있을 것이다. 그래서 나는 제작회의 때도 주·조연급 연기자들을 막론하고 "나는 오버 액션을 절대 용서하지 않는다. 조연이든 주연이든 내면적인 심리 연기를 해라. 관객이 부드럽게 받아들여야지 뭔가 거부감을 느낀다면 그 작품은 실패하는 것이니 내면적이고 심리적인 연기를 하도록 노력해 보라"고 요청한다.

그러나 한국에는 이런 식의 사전 회의들이 없었다. 홍콩에서 돌아와 영화사 화풍흥업을 만들면서 핵심 시스템을 받아들여 기존의 허술한 제작 여건을 개선하려 노력했지만 결국 실패하고 말았다. 스태프들에게 준비해서 제작 회의에 참석하라고 했더니 처음에는 왔지만, 그다음에는 불참, 불러도 역시 불참이었다. 회사가 약했기 때문이다. 쇼브라더스는 전속제이니 회의에 불참하면 밥줄이 끊어지게 된다. 그러니 스태프와 배우들이 열심히 회의에 참석하고 결과를 연구하며 감독이 생각하는 대로 작품이 무난히 진행될 수밖에 없다. 기획 단계에서도 한국은 작가가 혼자 매달려서 책을 쓰곤 하는데 이건 극히 위험한 방법이다. 사람의 머리에는 한계가 있다. 책을 쓰는 단계부터 감독과 기획자가 함께 매달려야 한다. 그것이 곧 관객이 보는 눈이기 때문이다.

The Man of Action 내 영화 인생은 아직 치열하다　제17장

쇼브라더스 첫 작품
천면마녀千面魔女1969의 대성공

The Man of Action Chung Chang-Wha

〈천면마녀千面魔女〉(1969) 시나리오는 쇼브라더스 측에서 내게 제시해 준 것이었는데, 주인공이 남자 형사로 돼 있었다. 시나리오를 읽고 나서 '조금 수정을 해야겠다'는 생각이 들었다. 남자 형사를 여자 형사로 바꿨다. 란란쇼 사장에게 얘기했더니 "왜 여자 형사로 바꿨느냐?"며 의아해했다. 나는 차분하게 설명했다. "내가 알기로는 중국 사람들은 여자를 상당히 존중하는 민족이다. 내가 만드는 작품에 남자 관객은 당연히 쉽게 보러 온다. 여자 관객을 유치하려면 여자 형사로 설정을 바꿔야 한다. 그렇게 되면 결국 남녀 관객을 폭넓게 확보하게 되는 것이다"라고 설명했더니 란란쇼는 "아, 그 얘기도 맞다. 그러면 여자로 바꾸자"며 순순히 동의했다.

주인공을 여자로 바꾸어 순조롭게 〈천면마녀〉를 촬영했다. 그때 촬영감독이 처음엔 니시모도라는 일본인이었다가 한 열흘 하고는 세트를 짓는 기간에 다른 곳으로 배치되어 버렸다.(전 장에서 술회한 대로 촬영 중 촬영기사 교체는 나를 매우 당황스럽게 했지만, 쇼브라더스의 시스템에서는 세트 짓는 동안이라도 유휴노동력 결손이 생기지 않게 하는 치밀한 경영 방침이었다는 것을 알았던 바로 그 시기의 촬영기사였다)

세트 디자이너도 오츠루라는 일본인이었는데, 컬러에 대한 색감이 아주 뛰어났다. 특히 일본화日本畵 같이 매우 섬세하고 부드러운 색감을 표현하는 데 탁월했다. 내 개인적인 취향과도 아주 잘 부합했던 그 색감이 〈천면마녀〉에 아름답게 구현됐다. 그런 미장센이 나올 수 있었던 이유 중 하나는 특별히 오츠루와 내가 호흡이 잘 맞았기 때문이라고 생각된다. 만약 세트 디자이너가 중국인이었다면 원색 느낌의 강한 색감이 나왔을 것 같다. 오츠루로 인해 비로소 내가 생각한 대로 색의 재현이 대단히 부드럽고 아름다울 수 있었다. 예컨대 패션쇼 장면 같은 경우 상당히 화려했고 배경으로 인해 의상이 도드라질 수 있었는데, 이 같은 효과는 오츠루의 역할이 컸다.

　배우들이 촬영에 임하는 태도도 인상적이었다. 〈천면마녀〉에 나오는 중국 배우들은 내가 한국에서 일했던 배우들과 달랐다. 한국에서는 주연급들이 대개 겹치기 출연을 했고, 그러다 보니 자기가 무슨 역할을 하는지도 모르고 촬영 현장에 임하는 경우가 비일비재했다. 그런데 쇼브라더스에서는 주인공이든 조연급이든 상당히 진지하게 자신의 역할에 대해 연구하는 모습이었고, 자기가 나오지 않아도 뒤에서 대본으로 대사 공부를 했다. 한국 배우들도 물론 그런 배우도 있지만 거의 중복된 촬영 스케줄 때문에, 자기가 어떤 역할인지도 모르거나 그나마 자기 대사도 옆에서 프롬프터prompter(다른 사람이 배우에게 대사나 동작 따위를 읽어주는 것) 해줘야 하는 폐단이 있었다. 중국 배우들은 열심히 할 뿐만 아니라 현장을 떠나지 않는 점이 인상적이었다. 스태프들도 마찬가지였다. 중국인들이 평상시에는 말이 많고 시끄럽지만, 일단 촬영에 돌입하면 아주 조용히 맡은 일을 열심히 해냈다. 뭘하나 해도 단단하게 하므로 "저렇게까지 안 해도 되는데 왜 저렇게 시간 낭비하느냐?" 하고 물으니 그네들은 어느 누구도 다치지 않게 하려고 뭘 하나 만들어도 아주 견고하게 하고 자기가 하는 역할에 대해서 충실하게 일한다는 것이다. 나 또한 나름대로 정창화식 연출 방식을 보여주고 싶었다. 예를 들어 홍콩 감독들은 쉽게 작업하기 위해 세

156

트로 모든 것을 처리하고 싶어 했던 반면 나는 거리로 나갔다. 로케이션 촬영은 세트 촬영보다 여러 가지 어려움이 따름에도 불구하고 거의 모든 촬영 분량을 로케이션으로 돌리면서 굳이 어려운 길을 선택한 것이다.

⦂ 유럽에 수출된 최초의 홍콩영화 1호 〈천면마녀〉

그렇게 〈천면마녀〉를 3분의 1정도 진행하던 어느 날, 란란쇼가 만나자고 연락이 왔다. 란란쇼 방으로 가 보니 레이몬드 초라는 제작 총지휘자가 와 있었다.(그는 훗날 골든하베스트를 설립해서 독립한다) "무슨 얘기할 게 있느냐"고 하니 "계약을 다시 해야겠다"고 말했다. "난 이미 5년 계약을 하고 온 지가 불과 몇 달이 안 됐는데 왜 재계약을 하느냐" 물으니, 레이몬드 초가 "3분의 1정도 촬영한 〈천면마녀〉를 편집해서 사장하고 둘이 봤다. 우리는 당신이 꼭 필요하다고 결정했으니 나중에 다른 소리 하지 않도록 재계약을 할 필요가 있다"고 답했다. 그래서 "그럼 이미 했던 계약은 뭐냐"고 물었더니 그는 속내를 털어놓았다. "당신하고 계약한 금액은 홍콩 정상에 있는 감독하곤 좀 차이가 있다. 우리는 당신이 꼭 필요하고 다른 데 가지 않게 하려고 그 사람들하고 동등한 대우를 해주려고 한다. 재계약을 하자"

나는 파격적인 제안에 당황할 수밖에 없었다. 이미 맺은 계약은 5년. 1년에 세 작품씩 하기로 하고 5년 계약한 지가 불과 몇 달 전인데 다시 새로운 제안을 하니 뭔가 의심스러웠다. 며칠 동안 이런저런 생각을 궁리해 보고 다른 정상급 감독들을 만나서 물어봐도 별다른 방법이 없었다. 정상급 감독들은 자신들의 보수에 대해 얘기하길 꺼렸다. 그런 중에도 호진취안胡金銓이 정확한 액수는 아니지만 비교적 비슷한 액수를 얘기해 주었다. 그제야 '아, 좀 차이가 있었구나' 판단하고 재계약을 하게 됐다. 그들은 철저하게 자본주의적 비즈니스 마인드를 가지고 있는 무서운 사람들이었다. 당시로써는 그 비즈니스 마인드가 내게 이롭게 작용했다 하더라도 결국 달면 삼키고 쓰면 뱉는, 단물 다 빨아먹으면 폐기해 버리는 토사구팽의 비정한 자본논리 시장구조를 느낀 것이다. '그렇다면 너희한테 이용당하는 만큼 나는 되돌려 받아야겠다. 그러는 동안 난 너희한테 지지 않는다'는 생각으로 재계약을 체결했다.

기대 이상의 파격적인 대우를 받으며 재계약을 한 후 〈천면마녀〉를 완성했다. 그런데 이상하게도 개봉할 생각을 안 하는 것이다. 란란쇼를 찾아갔다. "완성됐는데 극장에 왜 안 붙이느냐" 했더니, "그것은 당신의 역할이 아니고 내 역할이다"라면서 "당신이 만든 이 작품을 감독들이 전부 먼저 보기로 했다"고 말했다. 그 당시 쇼브라더스에는 전속 감독이 25~26명 정도 되었는데 "그 감독들한테 다 보라"고 지시를 했다고 한다. "'본 다음에 각자 편집실에서 무비올라movieola(영화 편집기의 일종)를 가지고 정창화 감독이 액션을 어떻게 만들었나 하는 것을 연구하라'고 지시했다"고도 말했다.

란란쇼 사장은 당시 중국 감독들이 만들고 있는 무협영화가 언젠가는 사양길에 접어들 것을 예상했으며, 그때가 되면 다른 감독들도

〈천면마녀〉1969년, 티나 치 페이, 패트 팅 홍, 첸 리앙

액션영화로 전환해야 하니 지금부터 준비하고 연구하라는 지침을 내린 것이다. 이는 내가 가지고 있는 것을 모두 뽑아내겠다는 의미였다. "분석이 끝나면 극장에 나갈 것이다"라는 설명도 뒤따랐다. 한편으로는 어깨가 으쓱해질 수 있는 기분 좋은 일이기도 했지만, 다른 한편으로는 '무서운 사람이고 무서운 시스템이구나' 하며 경각심이 생겼다.

당시 오우삼吳宇森 감독이 〈외팔이〉시리즈로 유명한 장처張徹 감독의 조감독으로 있었는데, 〈천면마녀〉를 봤다면서 자기는 "무협영화보다는 이런 현대물 액션을 하고 싶다"고 말했다. "너도 편집실에서 한번 연구해 보는 게 나을 거다. 그럼 도움이 많이 될 거다"라고 말했더니 "그렇게 하겠다"며 그때부터 현대 액션물을 연구했다고 하니, 후에 〈영웅본색〉(1986), 〈첩혈쌍웅〉(1989)의 모태가 된 영화가 〈천면마녀〉라고 해도 과언이 아니라 생각한다.

그런 과정을 거친 후에 〈천면마녀〉가 홍콩에서 개봉하자 대단한 흥행을 거두었다. 내가 예측한 대로 남성 관객은 물론 여성 관객에게도 굉장한 호소력을 보인 것이다. 심지어는 〈천면마녀〉 이전에는 유럽에 홍콩영화를 수출해 본 적이 없었는데, 〈천면마녀〉는 영국을 시작으로 유럽에 수출됐다. 내 쇼브라더스 1호 작품이 유럽에 수출된 최초의 홍콩영화로 기록됐고, 공전의 히트까지 하게 된 것이다. 〈천면마녀〉가 대단한 흥행 성적을 올리게 되면서 내 입지는 더할 나위 없이 공고해질 수 있었다. 당시 홍콩 감독들은 무협영화는 잘 만들었지만 액션영화를 만들 만한 감독이 없었기 때문에 나는 독보적인 위치를 확보하게 된 것이다.

그러나 나는 이미 또 다른 분야를 탐색하고 있었다. '현대물 액션은 이 사람들보다 내가 더 잘 만들고 나 자신의 입지도 완전히 굳혀 놓았으니, 중국 감독이 할 수 있는 것은 나도 할 수 있다는 것을 보여줘야 내 입지가 좀 더 단단해지지 않겠는가' 생각했다. 란란쇼를 찾아가서 "나도 무협영화를 하게 해달라"고 요청했다. 란란쇼는 어처구니없다는 듯 웃었다. "당신은 외국 사람이고 현대물 액션을 하기 위해서 스카우트했다. 무협영화는 중국 감독 중 잘하는 사람이 많으니 그 사람들이 하게 내버려두고 당신은 현대물 액션이나 계속 만드는 것이 좋겠다"는 것을 "아니다. 나도 그 사람들만큼 할 수 있으니 한번 맡겨봐라"고 적극적으로 설득에 나섰다. 란란쇼가 "알았다"며 시나리오 한 권 보내 주었는데 〈여협 매인두〉(1970)였다.

The Man of Action 내 영화 인생은 아직 치열하다

중국무협영화로 편견을 넘다:
여협 매인두¹⁹⁷⁰, 아랑곡¹⁹⁷⁰, 래여풍¹⁹⁷¹

The Man of Action   Chung Chang-Wha

한국 감독이라는 우려에도 불구하고 중국무협영화에 도전한 첫 작품이 〈여협 매인두女俠 賣人頭〉(1970)였다. 회사 측에서 제공한 시나리오를 검토해 보니 내용이 너무 단조로웠다. 그래서 좀 더 추가하고 수정한 후에야 촬영에 들어갈 수 있었다.

〈여협 매인두〉는 초교가 맹렬한 주인공 여협으로 열연했다. 무술지도는 〈방랑의 결투〉 무술 지도를 했던 하인재가 담당했고, 청룽成龙이라는 열아홉 정도 되는 어린 청년이 스턴트맨을 했다. 지금은 세계적인 스타가 되었지만 당시에는 주인공과 집단으로 몰려나와서 싸우는 검객 중 일인에 불과한 무명의 역할이었다. 이 친구가 어리다 보니 장난기가 많아 내가 가끔 나무랐던 기억도 있다.

장난기 많은 어린 청룽 외에도 〈여협 매인두〉에서는 일본인 스턴트맨 다섯 명이 출연했다. 이들은 중국인들이 잘 못 하는 무술 테크닉을 새롭게 시도해 주었다. 그렇게 해서 작품을 마치고 보니, 완성도에 있어 다른 중국 감독하고는 조금 다른 새로운 것이 있었다. 처음에는 자신들의 전유물인 무협영화 〈여협 매인두〉를 한국 감독이 연출한다니 중국 감독들이 은근히 견제하고 있었는데, 완성되고 쇼브라더스 시사실에서 공개 시사를 한 후에는 모두 나에 대해 인식을 새롭게 갖게 되었다. '너희의 전유물을 내가 해냈다. 한국 감독은 나뿐만 아니라 다른 감독들도 주어진 여건만 좋으면 이런 걸 다 해낼 수 있다'는 걸 알린 자긍심으로 마음이 뜨거워졌다.

란란쇼가 다시 제안했다. "다음 작품도 무협영화를 하나 해보라"는 것이다. 〈여협 매인두〉를 하기 위해서 나는 란란쇼에게 매달리다시피

〈여협 매인두〉 1970년, 초교, 진량, 마해륜

부탁해야 했는데, 〈여협 매인두〉로 인해 이제는 역으로 부탁을 해오니 공연히 튕기고 싶었다. "난 액션 영화감독으로 들어왔는데, 왜 무협영화를 하라고 하느냐" 했더니, "그런 것도 능히 소화할 수 있는 감독이니까 다양하게 액션영화도 하고 무협영화도 해다오" 하는 것이다. 내심 쾌재를 불렀다. 내가 또 해낸 것이다.

이때 나온 것이 〈아랑곡餓狼谷〉(1970)이다. 내가 〈아랑곡〉에서 중국 감독들과 차별화한 전략은 그들처럼 와이어 액션을 사용하긴 하지만 조금 다르게 접근한 것이다. 예를 들어 '어른들이 가지고 있는 꿈을 〈아랑곡〉을 통해서 환상적으로 보여주자'고 생각했고, 그래서 주인공이 밤에 지붕을 타고 날아다니는 장면을 우리가 꿈에서 날아다니는 것 같은 그런 환상적인 장면으로 그리려 했다.

마지막 결투 장면에서 언덕 위에 쓰러진 비석 같은 것을 세워 놓고 드문드문 서 있는 갈대를 배치한 것도 영상미를 염두에 두고 구성한 미장센이었다. 결과는 아름답고 환상적인 장면이었다고 평가받았으니 흡족했다. 다만 아쉬운 점은 로 레이의 상대역 왕샤가 몸이 유연하지 못해 좀 더 힘 있고 속도감 있는 액션 장면이 되지 못했다는 것이다. 하지만 로 레이는 내게 있어 진흙 속의 진주였다.

이 작품에서 특기할 만한 것은 리칭李菁英이 여주인공을 했다는 것과 남자 주인공이 로 레이라는 것이다. 로 레이는 보통 악역 조연만 해왔고, 주인공은 해본 적이 없었는데 나는 그를 통해서 새롭게 보여주고 싶은 것이 있었다. 그래서 로 레이에게 약한 여자를 알게 모르게 뒤에서 그림자 같이 도와주는 영웅적인 역할을 맡겼다. 로 레이는 〈아랑곡〉에서 자기 역할을 잘 소화했으므로 내게 신임을 얻고 있었다. 리칭도 이미 검증된 배우였다. 연기도 잘하고 인간성도 좋았으니 자기 역할에 대해 공부해 가며 어떻게든 좋은 작품을 만들기 위해 협조해 주는 훌륭한 배우였다. 진성이라는 배우는 훗날 홍콩에서 청룽처럼 유명한 배우가 되었는데, 〈아랑곡〉에 조연으로 출연할 당시에는 무명이었다.

〈아랑곡〉은 특히 영국에서 대단히 반응이 좋아서 어느 영국 평론가는 '이 작품에는 어른들의 꿈을 실현시켜 주는 하나의 판타지가 있다'고 평가하며 극찬하기도 했다. 내가 생각한 대로 평가받을 수 있다는 점에서 참으로 기분이 좋았다. 영화를 만드는 것에는 그런 보람이 있는 것이다.

그런데 참으로 기괴한 것이 한국에서는 이 영화를 〈아랑곡의 혈투〉라는 제목으로 개봉했다는 것이다. '혈투'도 아닌 영화가 혈투로 둔갑했으니 어이없는 노릇이었다. 더군다나 위장 합작 사례였다. 나도 모르게 한국으로 가져가서 개봉했는데 기막히게도 내가 감독한 작품이 다른 사람과 공동 연출한 것으로 변질 포장되었다. 외화 쿼터제를 따내기 위한 작품으로 얼룩져버린 것이다.

〈여협 매인두〉는 쇼브라더스에서 시나리오를 제공한 것이지만 〈아랑곡〉(1970)부터는 처음부터 내가 직접 시나리오를 썼고, 그래서 내가 하고 싶은 것을 보다 창조적으로 시도할 수 있었다는 점에서 의미가 있다. 외국 감독으로서 중국 감독들 고유의 전용물인 무협영화를 만들면서 '뭔가 좀 다른 방향으로 시도해야 되지 않겠느냐' 생각했고,

오랜 시간에 걸쳐서 중국 서적을 많이 들춰 보고 연구하다 보니 중국의 신비한 이야기들을 새로운 시각으로 볼 수 있었다.

☷ 〈아랑곡〉에 이어 '웰 메이드 무협영화'로 평가받은 〈래여풍〉

〈여협 매인두〉와 〈아랑곡〉이라는 무협영화의 성공으로 한국 감독은 무협영화를 성공시킬 수 없다는 편견을 뛰어넘을 수 있었고 이로 인해 어느 정도 자신감을 얻은 나는 〈래여풍〉(1971)을 만들게 된다. 〈아랑곡〉에 이어 〈래여풍〉역시 내가 직접 시나리오를 집필했기 때문에 처음부터 내가 원하는 스타일을 견지할 수 있었다. 주인공은 로 레이와 친한*Chin Han*, 마가렛 싱 휘*Margaret Hsing Hui*로 결정했고, 전작의 성공에 힘입어 훨씬 자신감을 가지고 촬영을 시작할 수 있었다. 그래서인지 〈래여풍〉은 무협영화로서는 '웰 메이드*Well Made* 작품'이라고 평가받았다. 란란쇼는 이 작품을 보고 "무협영화로 정창화가 더욱 발전된 모습을 보였다"고 평하기도 했다.

〈래여풍〉을 만들던 당시 란란쇼가 저녁 식사에 초대했다. 식사하고 있는데 〈래여풍〉의 여주인공이 5분 정도 늦게 나타나 "교통편 때문에 늦었다"고 얘기하면서 동석했다. 내가 캐스팅한 여배우니 동석 식사도 자연스러워서 별생각 없었는데, 느닷없이 란란쇼가 "이 아가씨가 너한테 관심이 있는 것 같다. 일본에서도 연기 훈련을 받아 일본어도 좀 하니 너와 친해지면 좋겠다"는 것이다. 돌아가는 것을 보니 란란쇼의 의도는 그 여배우와 나를 엮어서 나를 중국 감독화 함으로써 쇼브

〈래여풍〉 1971년, 라열, 형혜, 금한, 방면

라더스에 묶어 놓을 작정이었다. 나는 별다른 대답을 안 하고 그 상황을 모면했지만, 이 여배우는 촬영 내내 노골적으로 내게 접근하며 유혹하였고 그때마다 난 여배우의 마음이 다치지 않도록 거절하느라 난처했다. 촬영에 지장을 줄 수는 없었기 때문이다.

　내 성격상 마음이 없는 제안을 쉽게 받아들일 수 없었고 '어느 스타와 동반자로 지내면서 같이 출세를 해보겠다'는 식은 절대 사절이었다. 내 실력으로 사는 것이 떳떳하지 남의 힘을 빌려서 살아 보려는 건 상상도 할 수 없는 일이었다. 난 란란쇼와 그 여배우의 어떤 '외압'에도 흔들림 없이 겨우 영화 촬영을 끝낼 수 있었다. 이 여배우와는 그 이후 어떤 작품도 함께 작업하지 않았다. 쇼브라더스는 〈래여풍〉의 여주인공 이전에도 이런저런 기회마다 아름다운 여배우를 맺어주려 했고, 그런 미인계까지 동원하여 나를 중국 감독화시킴으로써 쇼브라더스 붙박이 감독을 만들고자 했지만 나는 중국 감독이 아닌 외국 감독으로서 내 정체성을 한시도 잊을 수 없었다. 평생을 통해 한국에서도 그러했듯 쇼브라더스에서도 아웃사이더의 정체성을 견지해야 했다. 힘들지만 그들과 '거리 두기'를 하는 것만이 좋은 작품을 위한 내 배수의 진이기도 했다.

The Man of Action　내 영화 인생은 아직 치열하다　제19장

죽음의 다섯 손가락 Five Fingers of Death, 1972

The Man of Action Chung Chang-Wha

쇼브라더스에서 무협영화를 만드는 독보적인 외국 감독으로서 나는 그들 중국계 감독들과는 '뭔가 좀 다른 방향으로 시도해야 한다'는 차별화에 대해 고심했고, 수많은 관련 서적을 탐독했다. 그런 중국 연구의 과정에서 힌트를 얻은 것이 고전 무협영화와 현대물 중간 지점을 내 무협영화의 배경으로 시도해 보자는 것이었다. 그래서 청나라로 시대를 옮겼다. 서적을 통해 힌트를 얻은 것의 예를 들면, 중국의 무술인 '쿵푸Kungfu'는 대부분 동물에서 응용했다는 것과, 독수리는 자기가 목적한 포획물이 생기면 덮쳐 들어와서 공격해서 쓰러트린다거나 호랑이가 발톱으로 공격해서 적을 쓰러트리는 방법 등이었다. 여기에서 착안한 것이 〈죽음의 다섯 손가락Five Fingers of Death〉(1972)이라는 영화였다.

● 강렬한 눈빛으로 폭력의 비애를 표현한 영화

쇼브라더스에서 일할 당시 중국인 작가 장량이라는 분이 대표 작가였다. 이 분과 〈죽음의 다섯 손가락〉에 대해 여러 가지 상의를 하고 검토하면서 한 열흘 동안 골격을 만들기 위해서 시간을 보냈다. 한 20일 지나서 시나리오를 받아 보았는데 너무 단조로웠다. 다시 한 번 내 뜻을 전하고 '좀 제대로 다시 한 번 해주면 좋겠다'고 요구했고, 다시 약 20일 후에 다시 써왔는데도 여전히 불만족스러웠다. 그래서 그것으로 장량은 손을 떼게 하고 내가 처음 의도했던 독창성을 살리며 직접 시나리오를 쓰기 시작했다. 그것이 오늘날의 〈죽음의 다섯 손가락〉이 된 것이다. 중국 작가는 너무 보편적이고 자신들이 해왔던 그 테두리에서 벗어나지 못했기 때문에 나는 뭔가 새롭게, 내 나름대로 생각했던 독창적인 방향성을 살리기 위해 다시 책을 써서 촬영에 들어가게 된 것이다. 그런데 여기서 가장 중요한 것은 주인공을 어떻게 가지고 가느냐였다. 주인공이라는 것이 흔히 보통 영화에서는 매력 있는 사나이, 잘생긴 배우를 썼는데 나는 그것보다는 평범한 얼굴로 관객에게 친근감 있게 다가 갈 수 있는, 그리고 관객이 영화를 보면서 자기 자신이 주인공이 되는 느낌을 주는 사람이 필요했다.

그런 고민 끝에 로 레이를 캐스팅하게 된 것이고 등장하는 캐릭터에 대해서 강렬한 눈빛을 요구하게 된 것이다. 〈죽음의 다섯 손가락〉을 보면 모든 눈빛이 상당히 강렬하게 나온다. 서로 목숨을 걸고 싸우는 인물들이므로 무엇보다 눈빛이 강렬해야 했다. 눈빛이 흐리멍덩하면 영화는 진실성이 없어지고 거짓이 된다. 특히 중국 영화는 와이어 액션을 많이 쓰는데, 와이어는 속도감이 떨어지므로 트램펄린을 써서 속도감을 더했다. 속도감과 박진감이 더욱 잘 표현되게 하려고 마룻바닥에 파우더를 뿌려서 어느 인물이 공중에서 마룻바닥에 떨어지면 먼지가 일어나는 효과를 냈다. 그리고 마지막에 남석훈의 눈을 빼는 장면이 있는데, 이는 독수리가 사냥감을 덮칠 때 발톱으로 잡아채는 모습을 남석훈의 눈을 뽑는 장면에 응용한 것이다. 또 화면에 속도감과 박진감을 강조하기 위해 카메라 렌즈를 향해서 덮쳐 들어오고, 주먹이 날아 들어오게 했으며, 이를 더욱 강조하려 할 때는 와이드 렌즈를 사용해서 상대가 창을 던지면 그것이 카메라 렌즈를 향해 날아오는 것의 속도감과 박진감을 한층 강조했다. 이것을 스트라이크*Strike* 기법이라고 나는 불렀다.

손가락 끝에 기를 모을 때 손가락이 벌겋게 달아오른다. 마치 쇠를 달군 것처럼 강력해지는 것이다. 특수효과가 없던 당시 이 장면은 붉은 조명으로 처리했다. 영화 마지막에 주인공이 오카다라는 일본 적수를 무찌르고 땅을 내려다보고 있는 클로즈업이 등장한다. 그것은 원치 않는 살인을 저지른 후 주인공의 두려움과 고민과 회한에 가득찬 얼굴을 강조한 것인데, 나는 비록 액션영화를 만들기는 하지만 살인을 정당화하고 싶지는 않았다는 점을 반영한 것이다. 더군다나 여기에 나오는 주인공은 사람을 해치기를 원했다기보다 매번 그런 상황으로 몰렸기 때문에 어쩔 수 없이 자기가 살기 위한 방어를 하는 역할이었다. 어떠한 원인에 의해서건 간에 폭력을 사용한 것이 가해자와 피해자에게 어떤 결과를 초래하느냐 이런 것을 마지막 클로즈업에 담은 것이다. 말하자면 주인공 로 레이의 클로즈업이 나의 메시지가 담긴 커트가 된 것이다.

UCLA에서 학생들에게 강의할 때 어느 교수가 내게 그 클로즈업에 대해 이렇게 질문했다. "다른 영화는 상대를 무찌르면 희열에 넘쳐서 상당히 기세등등한 표현을 하는데, 여기에서는 역으로 그 사람이 고민과 회한에 빠지는 클로즈업을 잡는 것이 상당히 감명 깊었다" 그래서 자기 자신은 "감독의 메시지가 이 클로즈업에 담겨 있다는 것을 느꼈다"는 것이다. 그래서 내가 그 교수한테 "그동안 내가 회고전을 하고 여러 학생과 대화도 했지만 당신같이 보고 얘기하는 경우를 본 적이 없었다. 오늘에야 당신이 내가 이 작품을 만든 메시지와 의도를 처음 알아본 사람이다. 그래서 참 기쁘다"라는 얘기를 했다.

● 워너브라더스 박스 오피스 1위 석권, 영국과 미국에서 흥행 대성공

영화가 완성되고 나서 처음에 미국 콜럼비아와 워너브러더스가 배급권을 놓고 경합을 했다. 결과는 워너브라더스에 의해 미국 전역에 개봉하면서 전미 박스 오피스 1위를 하게 되었다. 이 작품이 홍콩영화가 세계시장에 진출할 수 있는 계기를 만들어 줬다는 것에 대해 나는 상당히 자부심이 있다. 영국에서는 〈킹 복서〉라는 이름으로 개봉되었다는데 처음에 내가 붙인 이름은 〈철장〉이었다. 왜냐하면 이 영화에서 가장 모티브가 되는 것이 '철장'인데, 란란쇼가 홍콩 개봉을 하면서 〈천하제일권〉으로 해서 나와 실랑이를 좀 했다. 내가 "왜 〈천하제일권〉이냐?" 하니 "중국 사람들은 그런 타이틀을 좋아한다"고 그는 말했다. 그래서 결국 홍콩에서는 〈천하제일권〉으로, 영어로는 〈킹 복서〉로 번역되어 영국을 포함한 유럽으로 넘어갔고, 미국에서는 내 의도대로 〈죽음의 다섯 손가락*Five Fingers Of Death*〉으로 타이틀을 붙일 수 있었다.

한국에서는 완성된 작품을 수입하려면 한 편당 3억 원이라는 막대한 돈을 줘야 하므로 신상옥 감독이 변칙적으로 들여갔다. 이 영화를 합작영화처럼 변형시킨 것이다. 당시 합작 기준에는 배우 세 사람 이

178

특수효과를 쓰지않은 정통 액션으로 미국에서 처음 박스오피스 1위를 차지한 아시안 영화
〈죽음의 다섯 손가락〉, 2003년 칸국제영화제에 클래식 부문에 특별 상영

상을 쓰면 합작영화처럼 되는 것이다. 그런데다가 한국 국적인 내가
감독을 했으니 신상옥 감독이 위장합작으로 만들어서 들여갈 수 있었
다. 한국영화 발전을 위한 내 선의가 적당히 이용당한 것이다. 나는
〈죽음의 다섯 손가락〉 이전에도 그랬지만 한국 배우들을 내 작품에

많이 캐스팅해왔다. '앞으로 내가 쇼브라더스를 그만두고 한국에 돌아가서 아시아 시장을 개척하면 우리나라 영화가 해외로 진출할 수 있는 계기가 되지 않겠나' 생각했기 때문이다. 그래서 남석훈, 신일룡, 윤일봉 등 많은 배우를 내 작품에 캐스팅했는데, 이 영화에도 남석훈, 김기주, 진봉진, 홍성중 등 네 명을 캐스팅했다.

검열이 엄격한 군사정권하에서 무사통과를 위해 재편집을 해버렸고, 내 원래 작품과는 다르게 변형시켰다. 결국, 제목도 〈철인〉이라고 변경하게 됐다. 당시에는 나도 신 감독이 위장 합작영화로 들여갔는지 몰랐다. 나중에 후배들이 전화해서 알게 되었고 몹시 화가 난 나는 신 감독한테 전화해서 "〈철인〉이 뭐냐? 왜 타이틀을 바꾸느냐?"며 옥신각신했지만, 이미 영화는 개봉한 뒤였다. 그런 식으로 마구잡이 편집을 하고 제목 변경까지 했으니, 미국이나 유럽에서는 흥행한 영화가 한국에선 기대만큼 관객이 들지 않은 것으로 생각된다.

미국에서는 〈포세이돈 어드벤처〉와 동시 개봉되었지만 흥행에서 앞서가게 됨으로써 큰 화제를 일으켰다. 그런데도 당시 한국 평단이나 영화담당 기자들이 영화에 대한 지식이 별로 없이 기사를 썼다. '〈죽음의 다섯 손가락〉에서 리샤오룽李小龍이 주연을 했다'는 기사가 나올 정도였다. 주요 신문에 그런 기사가 나가면서 감독 이름도 없이 '홍콩영화가 세계시장에서 〈포세이돈 어드벤처〉나 〈사운드 오브 뮤직〉등의 미국 대작을 전부 누르고 박스 오피스 1위를 했는데 한국에서는 뭘 했느냐?' 이렇게 기사를 쓰고 있었다. 그런데 나중에 〈뉴스위크〉나 〈타임스〉에서 〈죽음의 다섯 손가락〉을 대단히 높게 평가하는

〈죽음의 다섯 손가락〉 워너브러터스 북미 배급, 박스 오피스 1위

내용이 기사화되니 한국의 독자들이 신문사에 항의했다. '감독은 한
국 사람인데 어떻게 감독 이름을 빼고 중국 얘기만 하느냐?' 그리고
난 뒤에야 뒤늦게 아주 조그맣게 '조사를 해보니 정창화 감독 작품이
었다'고 기사화한 적도 있다.

　미국에서는 '총 없이 싸운 서부극이었다'는 평도 있었다. 평단이
나 문화부 기자들이 '참 자랑스럽다'는 정도는 기사화해 줬어야 했는

데 왜 그리 옹색하게 폄하했는지 모르겠다. 요새 영화감독들은 참으로 행운아라는 생각이 든다. 평단이나 영화기자들이 아낌없는 뒷받침을 하고 있으니 말이다. 그리고 지금 평단이나 영화 기자들은 정식으로 영화를 공부했고 그 시대는 그렇지 못했기 때문에 이런 폐단도 있었다.

세계 최대의 영화 데이터베이스 사이트인 IMDB는 〈죽음의 다섯 손가락〉을 '미국 쿵푸영화 열기에 불을 지핀 작품*the film that launched the craze for kung fu movie in the United States*'으로 평가했으며, 영화 〈킬빌〉로 이 영화를 존경심을 표시했던 쿠엔틴 타란티노 감독이 '내 인생의 영화 베스트 10'에 꼽기도 했던 이 영화는 2005년도 칸국제영화제 클래식 부문에 선정 초청됨으로써 명실공히 고전으로 인정받게 되었다.

내 작품을 통해 악당에서 영웅으로 거듭 태어났던 로 레이에 대한 소식은 2004년도에 파리에서 회고전을 할 때 찾아온 로 레이의 부인을 통해 전해 들었다. 로 레이는 2002년 11월 2일 중국 어느 빈민굴에서 홀로 비참하게 생을 마감했다는 것이다. 향년 62세였다.

골든하베스트 시절과 이소룡

The Man of Action Chung Chang Wha

〈죽음의 다섯 손가락〉이 국제적으로 성공을 거둘 무렵, 란란쇼가 그 동안 제작 총지휘를 했던 레이몬드 초우鄒文懷, Raymond Chow를 밀어내고 모나팡Mona Fong을 그 자리에 대체했다. 모나팡은 란란쇼의 후실로서 영화에 대해서는 문외한이던 가수출신 40대 여성이었다.

그 무렵 나는 다음 작품을 준비하고 있었다. 그래서 의상, 대·소도구, 주인공이 사용할 칼 등을 준비시켰는데 기절초풍할 일이 벌어지고 있었다. 담당 책임자들이 의상과 검을 가지고 내 사무실로 가져왔는데 준비된 의상의 길이가 굉장히 짧아져 있었다. 심지어 검도 짧아져 있었다. 원래 중국옷이나 검이라는 것이 표준 사이즈가 있는데 이를 무시할 만큼 짧아져 있었으니 깜짝 놀라서 "이거 어떻게 된 거냐?" 물었더니 "새로 온 제작 총책임자 모나팡이 지시를 해서 이렇게 만들었다"는 답이 돌아왔다. "아니 모나팡이 얘길 해도 그렇지 중국의 전통의상이나 검이 하루아침에 이렇게 짧아질 수 있느냐?"고 따져 물으니 "제일 상사이기 때문에 어쩔 수 없이 그렇게 만들었다"는 것이다.

그 자리에서 모나팡에게 전화를 걸었다. "당신이 지시해서 이렇게 의상과 검을 짧게 만들라고 했느냐?" 했더니 "그렇다"고 말하는 것이다. "이유가 뭐냐?" 물으니 "제작비를 절감하기 위해서 그렇게 했다"는 어이없는 답변이었다. "그것이 얼마나 절감이 되겠느냐? 좀 더 큰 범주에서 제작비가 절감되는 것이지, 이렇게 되면 나보고 코미디 감독을 하란 얘기냐? 고쳐라. 당장에"라고 요구했다. 그랬더니 모나팡은 "그냥 써 달라"고 말했다. "그래?" 하고 의상 책임자와 소도구 책임자들에게 "이거 들고 따라와!" 하며 득달같이 모나팡 방으로 갔다. 모나팡은 바닥에 앉아서 악보를 펼쳐놓고 노래 연습을 하고 있었다. 의상과 소도구를 모나팡 앞에 집어 던지니 놀라 나자빠졌다. "당신 혼자 다 해먹어. 당신하고 나하고 어떻게 영화를 하느냐. 영화를 모르는 당신하고는 내 정열을 쏟아서 목숨을 걸 순 없다. 그러니 당신 혼자 다 해먹어라. 난 다시는 이 회사에 안 온다" 그리고 집으로 돌아와 버렸다.

두서너 시간 지나서 란란쇼한테서 전화가 왔다. "미안하다. 다시 준비해 줄 테니 돌아와서 일해다오" 그러나 난 이미 그 무지한 처사에 마음이 떠나 버렸다. "영화를 모르는 사람을 데리고 뭘 어쩌란 말이냐. 하나를 보면 열을 알지. 지금 의상하고 소도구 가지고 이 정도면 앞으로 제작하는 데 얼마나 큰 문제가 생기겠냐? 나는 그런 골치 아픈 일 안 한다. 그런 정열 있으면 내가 영화에 쏟아야지 왜 그 여자하고 싸워서 소모하느냐?" 그렇게 말하곤 돌아가지 않겠다고 했더니 란란쇼의 비서실장이 찾아오고, 모나팡이 전화해서 잘못했다고, 잘 몰라서 그랬다고 사과했다.

다시 며칠이 지나고 란란쇼한테서 전화가 왔다. "당신한테 300만 달러를 투자해서 개인 프로덕션을 만들어 주겠다. 쇼브라더스 안에서 하지 말고 당신 개인으로 당신 재량껏 영화를 제작하라"고 하는 그의 제안에 나는 "아무리 그렇게 한다 그래도 그 돈은 너희 돈이니까 나중에 나한테 압력을 행사할 것이다. 내가 너희 손바닥에서 놀 순 없지. 그 여자가 없으면 간다. 300만 달러는 필요 없다"고 거절했다.

그런 일이 있고 나서 얼마 후 레이몬드 초우가 찾아왔다. 새로 만드는 영화사에 참여해 달라는 것이다. "너는 그동안 샐러리맨이었는데 무슨 돈이 있어 제작하느냐?"고 물으니 "동남아시아 모 투자자가 좋은 감독들이 있으면 투자하겠다고 했다. 너하고 〈정무문〉의 로 웨이 감독, 황풍 감독 이렇게 세 감독이 함께 회사를 만들었으면 한다"고 제안했다. 그렇게 오렌지 스카이 골든하베스트橙天嘉禾娛樂集團有限公司, *Orange Sky Golden Harvest*(이하 골든하베스트)라는 영화사가 시작된 것이다.

● 골든하베스트에 새 둥지를 틀다

쇼브라더스를 그만두고 골든하베스트로 가 보니, 촬영소도 없고 규모도 작은 신생 영화사에 불과해 한국 제작 시스템이나 똑같았다. 그때부터 다시 고생길로 접어든 것이다. 골든하베스트가 자기 자본이 있었던 것도 아니고, 우리 감독들 이름을 가지고 동남아시아에서 제작비를 투자받아 영화를 팔기 시작했다. 〈흑야괴객〉(1973)이라는 영화가 골든하베스트에서 만들었던 내 첫 작품이었다. 제작비를 조금이라도 절감하기 위해 이번에는 정식으로 한국과 합작영화로 만들었다.

새옹지마인지 제작비 절감을 위해 스튜디오에서 촬영하기보다는 로케이션 리얼 액션으로 방향을 잡았기 때문에 화면이 생생하게 살아있어 작품성도 인정받았고 홍콩이나 다른 아시아 지역에서도 좋은 흥행 성과를 올리게 되었다. 이렇게 그나마 내가 성공하고 골든하베스트를 살릴 수 있었던 이유는, 내가 한국에서 감독했기 때문에 그런 정도는 아무것도 아니라고 생각했기 때문이다.

당시 골든하베스트는 대형 무비타운에서 세계적인 제작 시스템을 갖춘 쇼브라더스처럼 영화사 이름만 가지고 제작비를 투자받을 수 있는 프로덕션 시스템을 갖출 수 없었다. 현상실, 녹음실, 옵티컬 룸 등 부속시설 없이 한국과 다름없는 제작 방식으로 영화를 만들어야 했으며, 쇼브라더스처럼 전속 계약제를 실행할 수도 없었다. 감독만 전속이었는데 조건은 쇼브라더스와 똑같은 보수를 받되, 1년에 세 작품을 하는데 그중 한 작품은 비율에 따라 수익을 받는다. 퍼센티지는 골든 팜이라는 회사에서 수용한다. 즉 한 작품을 골든 팜하고 합작하고, 거기에서 몇 퍼센트의 수익을 준다는 식이었는데 골든 팜은 내 이름으로 등록을 했다.

그즈음 골든하베스트에서 레이몬드 초우와 나, 로 웨이 등 다른 감독들이 제작회의를 할 때다. "이 방식대로 가면 큰 발전이 없다. 뭔가 다른 방법을 찾아야 한다. 무술 배우를 발굴해야 하지 않겠나?" 하고 내가 의견을 제시했다. 당시에 난 리샤오룽 李小龍의 존재를 몰랐고, 청룽 成龍은 무명이었으니 그들을 염두에 둔 것은 아니었다. 그저 무술 배우가 별도로 준비되어야 할 것 같아서 제안한 것이다. 기획책임자가 말했다. "리샤오룽이라는 아역 배우가 미국에 있는데 지금은 성장해서 미국의 TV 시리즈 〈그린 호넷*The Green Hornet*, 1966~1967〉에서 주인공을 받들고 다니는 비서, 보디가드 역할을 하고 있다. 걔를 데리고 오면 좀 물건이 되지 않겠느냐?" 나도 참 좋은 의견이라고 하며 "우리에게는 지금 전속 배우가 있어야 하니 그런 사람을 영입

188

〈파계〉 1977년, 모영, 진혜민, 양소룡, 홍금보

하면 되겠다"했고, 그래서 로 웨이 감독이 리샤오룽을 주인공으로 하
는 〈당산대형〉, 〈정무문〉을 구상하기 시작했다. 홍콩에는 촬영소가 없
어서 스카우트 한 리샤오룽을 방콕까지 데리고 가서 올 로케이션*all
location*으로 〈당산대형〉(1971)을 찍었다. 이 영화가 대성공을 거두
면서 골든하베스트가 비로소 단단한 기반을 다지게 되었다. 다음에
는 〈취권〉으로 일약 스타가 된 청룽을 스카우트해서 골든하베스트
의 전속배우를 만들었고 이후 청룽 영화 시리즈가 계속 흥행에 성공
했다. 그렇게 해서 골든하베스트가 건재할 수 있었다. 회사 재정이 좀
좋아지니 거의 폐기되다시피 한 촬영소를 임대해서 골든하베스트의
둥지로 삼았다. 촬영소 하나만 있지 현상실 등의 시설이 없었지만 나
는 그 촬영소 안에서 〈파계〉(1977)를 찍었고, 청룽의 주연작들, 〈정무
문〉 등의 리샤오룽 영화들도 만들어졌다. 리샤오룽 출연작은 〈당산대
형〉과 〈정무문〉(1972), 〈용쟁호투〉(1973)부터 〈사망유희〉(1978)까지
연속적으로 히트를 쳤다. 그러나 리샤오룽은 연기자라기보다 무술 배
우였기 때문에 여러 작품을 통해서 자기가 보여줄 수 있는 것이 고갈
되었다고 느끼자 슬럼프에 빠지게 되었고 마약을 하기 시작했다.

● 영화 찍자면서 찾아온 이소룡

그 무렵 리샤오룽이 나를 찾아왔다. "감독님하고 저하고 함께 영화
를 만들면 뭔가 새롭지 않겠습니까? 정 감독님은 〈죽음의 다섯 손가
락〉으로 성공을 거두셨으니 저도 그런 영화를 감독님과 해보고 싶습

190

니다"라는 얘기였다. 듣고 보니 일리가 있었다. 나 또한 늘 새로운 것을 시도하려 했던 영화감독이었기에 새로운 것을 함께해 보자는 제안에 기꺼이 동의했다. "함께 해보자" 하고 기획 단계에 들어가서 차근차근 준비하는 중 갑자기 리샤오룽이 사망했다는 통보를 받았다. '마약 과용으로 인한 쇼크사'였다. 사망 당시 이소룡과 골든하베스트 계약이 만료돼 가던 시점이었다. 이소룡과 골든하베스트 사이에 마찰이 좀 있었다. 이소룡은 재계약을 통해 보다 나은 조건을 제시했고, 골든하베스트는 종전대로 계약하려 했기 때문이다.

한편 쇼브라더스 또한 이소룡을 끌어가려고 했다. 쇼브라더스도 내가 나올 즈음 다른 좋은 감독들과 배우들이 거의 다 그만두고 나와 버렸기 때문에 사양길에 들어섰고, 마침 이소룡이 골든하베스트와 전속계약 기간이 만료돼 간다는 것을 알고 끌어들이려 한 것이다. 만약 이소룡이 쇼브라더스로 가게 된다면 골든하베스트는 상당히 어려운 상황에 처했을 것이다. 그러나 이미 이소룡은 나를 찾아와 제작을 약속한 상태였고, 진행은 비밀리에 이루어지고 있었다. 그런데 매스컴에서 이 사실을 어찌 알게 되었는지 '정창화와 이소룡이 영화를 제작하기로 하고 준비하고 있다'고 여기저기 보도되기 시작했고, 이때 이소룡은 마약 과용으로 쇼크사 한 것이다.

그런데 흉흉한 소문과 음모론이 들리기 시작했다. 음모론의 내용은 이렇다. '골든하베스트에서 리샤오룽을 잡기 위해서 딤페이라는 육체파 여배우와 연인이 되도록 분위기를 만들어 주었고 리샤오룽은 딤페이 집에서 생활했는데 딤페이는 리샤오룽에게 마약도 권하고 구해 주었다. 딤페이는 골든하베스트에서 전략적으로 리샤오룽에게 보낸 여자이기 때문에 골든하베스트에서 시키는 대로 뭐든지 했을 것이다. 딤페이는 리샤오룽이 하는 마약 분량까지 얼마든지 조절할 수 있었다. 결국, 그녀는 리샤오룽이 마약을 과다 복용하게끔 유도하고 쇼크사를 이끌었다. 당시 정황상 상당히 설득력 있는 이야기였다.

골든하베스트는 리샤오룽 덕분에 엄청나게 회사의 부를 축적할 수 있었지만 정작 리샤오룽은 자신의 롤스로이스 자동차나 대저택도 모두 법적으로 회사 소유였기에 유가족조차 어떤 재산권도 행사할 수 없었다. 레이몬드 초우는 리샤오룽 개인 명의로 고급차와 저택을 소유하게 되면 엄청난 세금을 내게 되므로 회사 이름으로 소유하자는 제안을 했었다. 로 웨이 감독 또한 콘도를 회사 명의로 산 후 법적 분쟁까지 치른 적이 있었다. 나도 회사에서 같은 제안을 했으나 세금을 기꺼이 감수하더라도 내 명의로 사겠다고 해 번잡하고 불쾌한 분쟁을 모면할 수 있었다.

1973년 7월 20일 리샤오룽의 사망으로 인해 골든하베스트와 그의 인연은 숱한 미스터리만 남긴 채 끝나고 만다. 리샤오룽 사망에 얽힌 사실관계가 어떻든, 치졸한 회사의 천민자본주의 행각이 얼마나 지리멸렬하고 탐욕스럽든 내게 있어 확실한 현실은 리샤오룽과 내가 꿈꾸던 '새로움'이 그렇게 어이없이 막을 내리고 말았다는 것이다.

The Man of Action 내 영화 인생은 아직 치열하다

제21장

홍콩에서 만난 최은희

The Man of Action Chung Chang-Wha

1978년 1월 14일 새벽 최은희한테서 느닷없이 전화가 왔다. 아침 7시 조금 전이었다. "웬일이요?" 하니 "어젯밤에 왔는데 급히 좀 만나야 되겠다"고 말했다. "왜 그러냐?" 하니 급한 일이 생겼다고 "빨리 좀 오세요" 했지만 촬영 스케줄 때문에 갈 수가 없었다. 그래서 "촬영을 펑크 내고 갈 수는 없으니까 저녁에 만나자"고 했더니, "잠깐 왔다 가라"고 막무가내였다. 그때 이미 조감독이 날 데리러 집에 와 있었기 때문에 "촬영 갔다 와서 만나겠다. 6시 조금 넘어서" 하며 저녁으로 약속을 미루었다.

때마침 홍콩에 나와 있던 영화진흥공사 지사장 유기인, 배우 남석훈, 조감독 홍성배, 신위균과 함께 저녁 식사를 하려고 금성반점에 예약해 놓고 저녁에 갔더니, 최은희는 8시가 넘어도 나타나지 않았다. 그리고 며칠 뒤 조선일보 정치부 기자에게서 한밤중에 전화가 왔다. 새벽 한두 시쯤이었다. "최은희가 이북으로 넘어갔는데 아십니까?" 나는 전혀 몰랐다. "무슨 얘기냐? 며칠 전에 통화했는데" "최은희가 지금 이북에 가서 거기서 대남방송을 하고 있습니다" 깜짝 놀랐다. 다음 날 아침 한국에서 온 기자들과 영사관에서 온 중앙정보부 직원 등이 분주히 날 찾아 왔다. 최은희에 대해 얘기해 달라는 것이지만 내가 어찌 알겠는가? 나중에 홍콩 경시청에서 발표했는데 최은희는 내게 새벽에 전화를 걸었던 그 날 아침에 북한으로 갔고 그전에 북한 공작선이 홍콩에 와 있었다는 것이다.

그때 홍콩 경시청에서 내게 참고인 진술을 요청했다. "왜 아침 7시에 전화가 왔느냐?"는 것이 관건이었다. 결론은 "너까지 데리고 가려고 공작을 했다"는 것이었다. 내가 만약 그날 촬영이 없어 최은희 연락을 받고 만나러 갔다면 지금 북한에 가 있었을지도 모른다. 끔찍한 얘기다. 생각날 때마다 등골이 오싹하다.

● 북한 공작원에게서 걸려온 전화 한 통

나한테도 북한에서 공작이 들어온 적이 있었다. 〈죽음의 다섯 손가락〉이 세계적으로 선풍을 일으켰으니 나도 공작 대상자가 되었을지 모르겠다. 어느 날 밤, 낯선 이에게서 투자 제의 전화가 왔다. "미화로 500만 달러를 투자할 테니까 영화사를 설립해서 영화를 만들어 주십시오"하면서 "마카오로 좀 오셔서 서로 구체적인 상의를 하자"는 것이다. 어딘가 석연치 않았다. 북한 사투리가 섞여 나오는 말투 때문이었다. 영화감독이니만큼 말투나 억양에 민감한 편이었기에 알 수 있을 정도였지만 이미 의혹이 든 이상 묻지 않을 수 없었다. "당신 이북 사람이지? 나한테 지금 공작하는 거 아니요?" 그랬더니 아니라고 얼버무리고 만다. 분명히 북한 공작원이었던 것이, 당시 미기오에 '금강 공사'라는 북한 공작조가 와 있었다. 500만 달러를 미끼로 마카오에 오게 해서 북한으로 끌고 가 영화를 만들게 하려는 것이리라. 그래서 "이북의 ○○공작조가 아니냐? 난 바쁘니까 당신네하고 얘기할 시간이 없다"며 전화를 끊어 버렸다.

나중에 또 문제가 생길 듯해서 영사관에서 근무하던 중앙정보부 직원에게 자초지종을 얘기했다. "정 감독님의 경우는 그런 공작이 지금

들어오게 돼 있으니 잘하시고 절대 만나지 마십시오" 하며 상대방 감정 상하게끔 말하지 말라고 충고해 줬다. "왜 그러냐?" 하니 "납치할 수도 있습니다. 절대로 감정 건드리지 말고 좋게 해서 끝내십시오" 해서 "알았습니다" 하고 마무리를 지었다. 일단 총영사에게 보고해 놨으니 그나마 안심이었다. 나중에 무슨 일이 있으면 "너 왜 그런 얘기 안 했느냐"며 문책을 당할 수도 있었다.

그리고 얼마 후 '지원서국'에서도 심상치 않은 일련의 사건이 이어졌다. 당시 지원서국은 홍콩에서 일본 서적을 파는 유일한 서점이었다. 가끔 들러 일본 서적을 사곤 했을 뿐 지원서국 사장과는 그럭저럭 평소 일면식만 있던 사이였다. 그런데 어느 날 갑자기 친절하게 "마카오에 한번 놀러 가자"고 하며 "친구가 마카오에 있는데 당신을 좀 데리고 오라"고 했다는 것이다. "거기 가면 도박 자금도 그 사람이 대주고 하루 이틀 재밌게 보낼 수 있으니 가자"는 것이다. 그래서 "난 도박을 할 줄도 모르고 촬영 때문에 바빠서 마카오까지 가기 어렵다"고 거절했다. 그리곤 다시 얼마 있다가 전화가 왔는데 "한국 관광을 가는데 좀 동행해 줬으면 좋겠다"는 것이다. "관광 안내 할 정도로 그렇게 한가한 사람 아니다. 한국에 가면 관광 가이드가 있으니 그 사람들한테 부탁해라"며 거절했다. 이 사람도 북한 공작원에 연루되어 있어 내게 공작을 하려 한 것이다. 그러다가 최은희가 오전 7시에 전화한 것이 바로 그 직후였다.

이 모든 것에 관한 자초지종과 정확한 정황은 모두 홍콩 경시청 '진술서'를 통해 사건에 대한 수사 기록으로 남아 있다. 최은희가 북송선을 타게 된 그 아침, 왜 내게 전화했는지 그 진실은 지금도 알 수 없다. 그런데 공교롭게도 난 신 감독이 북한으로 가기 전 마지막 모습마저 기억하게 되었으니 홍콩이라는 특별한 장소 때문에 빚어진 일종의 야사野史라고 생각된다. 신 감독이 다시 불쑥 찾아온 것은 최은희가 납북되던 그해 7월 한여름이었다.

1978년 여름, 내가 마지막 본 신상옥 감독

The Man of Action   Chung Chang-Wha

신필름이 당국의 허가 취소로 폐쇄된 후 신 감독이 돌연 나를 찾아왔다.

"자네 소식은 들었어. 고생이 많겠다. 웬일이야?"

"영화사가 허가 취소됐고 (최)은희가 이북으로 갔으니 난 아무것도 할 일이 없다. 갈 곳도 없고…. 란란쇼한테 얘기를 해서 그쪽에서 감독을 하게끔 부탁 좀 해다오"

"그러지 않아도 자네 소식을 듣고 란란쇼한테 자네 얘기를 했지. 신 감독이 고생하고 있을 터이니 쇼에서 감독을 시키는 것이 어떻겠는가 하고 말이야"

"그랬더니?" "자네 란란쇼를 잘 알잖아. 그는 장사꾼이고 계산이 빠른 사람이야"

"그건 그렇고 (여권을 내놓으면서) 여권 기간이 얼마 안 남았는데, 자네 총영사관에 아는 영사들 많지? 연장을 좀 해줬으면 좋겠다"

"그래 내가 부탁해 보지. 마침 간첩 이수근이를 잡은 조 대령이 나하고 중학교 동창인데 총영사관에 와 있어. 내가 부탁해 볼게"

그는 총영사관에 가는 것을 꺼리는 눈치였다. 나는 신 감독의 여권을 가지고 총영사관의 조 대령을 만났다.

"이 여권 좀 연장해 줘라. 신 감독이 여권 기간이 얼마 안 남았다고 그러는데" 하니 조 대령이 긴장하면서 "뭐? 신상옥이가 여기 와 있어?" 하며 묻는다. "그래. 지금 금방 만나고 오는 길이야" 조 대령이 내 말을 끊으며 "지금 본국에서 지시가 내려왔는데, 신상옥이를 어떻게든 한국으로 오게끔 하라고 지시가 왔다. 그러니까 넌 여기서 빠져"

라고 말했다. "이봐! 조 대령, 친구 사이에 어려운 일이 있을 때 도와줘야 하는 거 아냐" 부탁해 봤지만 그는 단호했다. "본국에서 그렇게 지시가 내려왔으니까 절대로 안 돼! 연장을 안 해주면 지가 본국으로 가야 하니까. 지금 상황이 그러니 자넨 나서지 마"

어쩔 수 없이 여권을 가지고 가서 신 감독에게 여권 연장을 안 해주는 사유를 말해주며 "한국으로 돌아가서 그들에게 사과해. 그리고 기회를 한 번 달라고 애원해 봐. 몇 달 고생하면 기회가 올 것 아냐? 군사정권 실권자에게 맞서봐야 자네가 상처를 받지. 승산 없는 싸움은 안 해야지. 자네와 신필름을 키워 준 사람들이잖아. 안양촬영소까지 쥐가면서 말이야. 그들은 자네보고 배은망덕하다고 생각하고 있을 거야" 그랬더니 "나 못 간다! 안 갈 거야!"라며 절대 돌아가지 않을 뜻을 내비쳤다. 그 이상의 심각한 문제가 그들 사이에 있는 것 같았다.

"안 가면 어떻게 할 건데? 자네 무일푼이잖아"

"은희한테 갈 거야"

"뭐? 지금 뭐라고 했지? 이북으로 간다고? 자네 끔찍한 소리하고 있네. 사네 화가 나서 하는 소리로 나는 듣겠이. 자네 성격을 내가 잘 아는데 자네같이 자유분방하고 자기 생각대로만 사는 사람이 어떻게 그 체제하에서 견딜 거야? 나 자네 심정 잘 알아. 지금 한 말 속이 상해서 한 거로 들을게" 그리고 우리 둘은 헤어졌다. 며칠이 지나고 신문을 통해 신 감독이 이북으로 갔다는 소식을 알게 되었다.

그 후 신상옥 감독과 최은희는 이북에서 제대로 적응하지 못해 8년이 지난 1986년 오스트리아 빈에서 미국대사관을 통해 북한을 탈출

했다는 소식을 매스컴을 통해 듣게 되었다.

신 감독과 최은희 탈북에 대해 떠들던 언론도 잠잠해진 어느 날 로스앤젤레스 코리아타운 플라자에서 신 감독을 우연히 만난 적이 있다. 당시 신 감독은 미국 시민권자였다. 옛날 같으면 몇 시간씩 장황하게 이야기하며 반가움을 표현 할 텐데 바쁘다면서 신 감독은 슬쩍 피해버렸다. 아마도 내가 그에 대해 이런저런 그간의 사정을 물어보면 난처한 대답을 해야 할 터이니 피한 것이리라. 혹은 그에게 나는 '너무 많이 알고 있는 친구'였는지도 모르겠다.

The Man of Action 내 영화 인생은 아직 치열하다   제23장

군사정권이 내민 '당근'과 '채찍' :
화풍흥업 설립으로 충무로 귀환

The Man of Action Chung Chang-Wha

어느 날 홍콩 총영사에게서 "한국에서 김성진 문화공보부장관이 함께 조찬을 했으면 좋겠다고 한다"고 연락이 왔다. 조찬에서 만난 김성진 장관은 "한국에 와서 감독할 생각은 없습니까? 여기서 다른 나라를 위해 감독하시는 것보다 한국에서 하시는 게 좋겠습니다"라는 제안을 했다. 다른 여느 때와 달리 마음이 흔들렸다. 오랜 외국 생활에 서서히 지쳐 갈 무렵이었다.

시스템도 없고 영세하며 살벌한 군사정권하에 있는 애처로운 조국, 그러나 사람 사는 정이 있는 곳, 한국이 그리웠다. 하지만 군사정권하에서 영화 만드는 일은 더욱 날 지치게 하리라는 것도 두려워 선뜻 제의를 받아들이기 어려웠다. 특혜를 받으라는 '당근'의 유혹도 있었지만, 창작의 자유가 검열과 규율이라는 '채찍'에 잘려나갈 각오를 해야 했다. 김 장관의 제안이 의미하는 당근과 채찍을 양손에 놓고 견주느라 머뭇거릴 수밖에 없었다. 이 모순되는 유혹을 어떤 식으로 받아들여야 할까.

당시 군사정권하 영화법에 의해 영화사 허가제였다. "아무나 영화를 만들 수 없지 않습니까? 그렇게 묶어 놓으면 영화하고 싶은 사람이 할 수 없으니 간다고 해도 뭘 어떻게 합니까?" 했더니 김 장관은 "알았습니다. 제가 가서 한번 방법을 연구해 보겠습니다" 하고 돌아갔다. 한두 달 지나서 전화가 왔다. "허가를 내주기로 했으니까 들어오셔서 영화사 허가를 내십시오" 김성진 장관이 앞에 서고 정부의 최고 실세가 뒤에서 적극적으로 도와주겠다는 달콤한 제안을 물리치기는 쉽지 않았다. 그 이면에는 5·16군사혁명 때 군사혁명 홍보영화를 만들어

달라고 했던 최고회의 의장인 박정희 씨나 김종필 씨 등 몇 사람과의 인연도 작용했다.

홍콩 시절에도 군사정권의 실세들은 한국에서 영화 제작을 하면 제작비를 포함한 여러 가지 지원을 해주겠다는 제안을 꾸준히 해 왔다. 하지만 군사정권하에서 영화를 제작한다는 것이 영 내키지 않았다. 그러다 시간이 지나고 보니 마음이 어느덧 고향으로 향했고, 때마침 김 장관의 제안도 있어서 홍콩 생활을 정리하고 영화사 허가를 내기 위해 그리운 한국으로 돌아왔다.

고국에서 영화사 설립, 또다시 시련

당시 영화사 허가 규정은 스튜디오 같은 200여 평(약 60㎡)의 촬영소를 한 개 소유해야 했고, 촬영기가 두세 대 있어야 했다. 그래서 인천에 창고를 하나 사서 촬영소로 시설을 갖췄고 촬영기는 일본과 홍콩에서 각각 한 개씩 샀다. 또 영화발전기금 5천만 원을 영화진흥공사에 기탁금으로 내는 규정이 있어서 당시로써는 꽤 거금이던 기탁금을 내고 드디어 화풍흥업이라는 주식회사를 설립했다. 홍콩에서 해왔던 대로 영화사 시스템을 갖춰서 '기획팀부터 제작부나 대·소도구 팀까지 전 스태프가 모여 항상 제작회의를 완벽하게 하고 촬영을 한다'는 포부와 '좀 더 발전적인 시스템으로 한국영화계에 새로운 모습을 보여줘야겠다'는 의욕을 실현하려 했다. 하지만 전문적인 인원 구성이 하루아침에 이루어질 수는 없는 노릇이었다.

그 무렵에는 대학에 영화과가 생겨 영화를 전공한 학생을 영입할 수 있었지만 5년 이상은 현장 교육을 해야 했는데 그게 쉽지 않았다. 홍콩식으로 영화 전공 출신들 다섯 명을 기획부에서 훈련했다. 작품 선정부터 연출까지 체계적인 훈련을 시키려 했는데, 그들에게는 현장 경험이 없으니 내가 생각한 대로 따라오지 못했다. 더구나 나한테 가장 치명적인 어려움은 1년에 세 작품이라는 의무편수를 채워야 하는 것이었다. 영화라는 것이 1년이든 2년이든 장고 끝에 좋은 작품이 나오는 것인데, 기계처럼 1년에 세 편을 만들어야 한다니 정신적 부담이 컸다. 세 편의 의무편수를 채운 다음 그 영화 중 우수영화심사에서 합격한 영화가 있으면 외화를 수입할 수 있는 권리를 준다는 규정이 있었다. 1970년에 단행된 영화법 3차 개정에 의한 것이었다.

몇 차례 영화법 개악을 통해 영화자본 독점화가 가속되었다. 특혜를 받은 소수의 독점 영화 제작자들은 문화 창달의 일익을 담당하기보다는 한국영화제작을 외화수입 쿼터를 배정받기 위한 요식행위로 인식했고 소위 '깡통영화'라고도 하는 개봉하지 않고 오직 수입 쿼터를 배당받기 위한 목적으로 만들어진 저급 영화들을 양산했다. 일부 악덕 영화업자들은 경쟁자를 효과적으로 제거하고 신생업자가 쉽게 영화사업에 뛰어들 수 없도록 정책수립에 작용했으며, 영화에서 벌어들인 수익을 영화에 재투자하기보다 부를 축적하기 위해 극장이나 사들이고 배급권이나 따내는 데 혈안이 되어 있었다. 이런 이들은 한국영화의 발전에 저해되는 인물들이었다.

그런 상황에서 내가 새삼스럽게 한국영화계에 뛰어든다는 것이 다소 위험하긴 했어도 김 장관이 "하여튼 최대한 뒷받침을 해줄 테니 고생이 되더라도 해봐라" 하니 부딪혀 볼 수밖에 없었다. 그러나 막상 군사정권하에서 영화를 제작해야 한다는 것이 역시 내게는 쉽지 않은 일이었다. 중앙정보부나 보안사령부에서 수시로 관여를 했고 시나리오는 사전 심의를 받아야 했으며 영화가 완성되면 다시 검열을 받아야 했다. 이러한 정신적인 압박은 다른 영화감독들도 힘들게 했지만, 특히 홍콩에서 비교적 자유롭게 감독을 하고 제작 활동을 했던 내게는 고역이었다.

⦂ 20여 년간의 한국 생활을 접고 미국으로

그러던 중 우수영화 쿼터 지원을 받기로 하고 〈학을 그리는 여인〉(1979)을 만들었는데, 기존의 업자 16개 회사가 농간을 부려 신규업자에게 돌아갈 우수영화 쿼터를 빼돌리고 말았다. 신규업자가 우리 회사 한 업체라면 어찌 해보겠는데, 우리 회사를 포함한 다섯 개의 회사였으니 어찌해볼 수도 없었다. 16개 회사가 석이 돼 버렸으니 앞날이 암담했다. '그래도 뒤에서 밀어주는 사람이 있으니 어떻게든 해보자' 했지만, 그 사람들이 눈에 보이게 밀어줄 수도 없었다. 그렇지만 난 신규업자에게 주기로 약속된 쿼터를 재요구했고, 위에서는 내게만 줄 수 없어 다섯 개 회사에 모두 쿼터를 주게 되었다. 그런 우여곡절을 겪으며 나름대로 화풍흥업을 탄탄하게 끌고 나갔다. 그런데 박정희 대통령이 시해를 당하고 전두환 정권으로 권력이 이양되면서 그나마 내게 주어지던 모든 혜택도 사라지고 말았다.

당시 다른 회사는 수입하지 못하는 영화를 수입하고 있었는데, 이제 그것도 할 수 없게 된 것이다. 16개 업자 중 몇 회사가 내게 '특권수혜'를 빌미로 공격해 들어왔다. 한국으로 돌아온 지 일 년 조금 넘어서 박정희 대통령 시해사건이 생겼으니, 내게는 불운이 너무 일찍 시작된 셈이다.

전두환 군사정권 시절 외화심의와 국산영화심의를 통해 휘두른 이영희 공연윤리위원장의 전횡은 나를 포함한 한국영화 제작자들을 궁지에 몰아넣었다. 이영희는 당대 최고의 권력자인 전두환과 정경환을 배경으로 일부 악덕 업자들에게 거액의 뇌물을 수수했다. 당시 통상적인 뇌물은 500만 원 선이었는데 이영희와 거래하는 뇌물은 2,000여만 원이었으니 그 검은 결탁의 일각을 짐작할 수 있을 뿐이다. 이때 자행되는 심의의 가위질은 그 뇌물의 액수만큼 대단했다. 한 두 컷 잘려나가는 수준이 아니라 필름 1,000자~2,000자(10~20분 분량)씩 잘려나갔다. 영화 제작자들이 받은 이런저런 박해는 나 또한 도저히 피할 수 없었다.

결국, 훈련받던 스태프들은 회사가 어려워지니 KBS, MBC 등의 방송국으로 가버렸고, 시스템, 자본 등이 벽에 부딪혀 외적으로 곤경에 처하고 보니 결국 건강까지 문제가 되었다. 아내도 정신적 스트레스가 심해 힘들어 하는 것이 역력했다. 어느 날 아내가 "한국에서 이렇게 당신이 고생하느니 미국에 가서 편하게 지내는 게 좋지 않으냐? 당신 할 만큼 일을 했고 영화를 위해서도 그만큼 이바지했으니 미국으로 가자" 하며 미국행을 권했다. 나는 내키지 않았다. 홍콩이라는 외국에서 너무 오래 생활했기 때문에 다시는 외지로 떠돌고 싶지 않았다. 그러나 내 건강을 걱정한 아내는 쉽게 물러서지 않았다. 어쩔 수 없이 1996년 미국으로 이민을 가게 됐다. 화풍흥업을 설립한 것이 1978년이니, 만 18년간의 한국 생활을 접고 다시 외국 생활을 시작한 셈이다.

The Man of Action 내 영화 인생은 아직 치열하다   제24장

미국 샌디에이고에서 시작한 우울한 나날들

The Man of Action Chung Chang-Wha

미국에서는 영화에 대해 어떤 생각도 하지 않기로 했다. '다시는 뒤돌아보지 않는다'며 미국에서 새 출발 하려 한 것이다. 그래서 TV 영화조차 보지 않았다. 물론 한국영화, 한국 드라마와도 담을 쌓았다. 집사람이 보는 것조차 싫어할 정도였다. 영화에 대해 대화할 사람도 없거니와 3~4년을 집안에 은거하다시피 살다 보니 어디에 가든지 눈에 띄지 않게 내 이름을 밝히지 않는 것이 익숙해졌다. 심지어 내 딸도 내가 영화감독이었다는 것을 모를 정도였다. 딸이 내가 영화감독이라는 사실을 한국에 입국하면서 우연히 알게 됐다. 출입국관리사무소 직원이 내 여권을 보더니 "아, 정창화 감독님, 어디 갔다 이렇게 오래간만에 오십니까" 하고 반갑게 인사하니 옆에 있던 딸아이 얼굴색이 밝아졌다. 하지만 나는 아니라고 딸에게 둘러대고 말았다. 그만큼 돌아보기도 싫었다. 미국에서 살면서도 주변에서 내가 뭘 한 사람인지 아무도 몰랐다.

● 부산영화제로 다시 찾은 고국

그렇게 편하게 살아왔는데 어느 날 부산영화제에서 내 회고전을 한다는 연락이 왔다. 그래서 하지 말라고 거절했다. '이제 와 새삼스럽게 무슨 회고전을 하느냐. 나에 대해서 알려고 하지도 않았고 내가 그만큼 공헌한 것에 대해서 언급한 적이라도 있었더냐' 괘씸한 생각만 들었다. "다시는 전화 걸지 마라. 난 한 번 안 한다고 하면 안 하는 사람이다" 결국 영화제 측은 과거 내 조감독이던 김시현 감독을 동원했다. "우리 후배들을 한 번 생각해 보셨습니까. 우리 후학을 한번 생각해 보셨습니까. 지금 감독님 혼자 마음이지 뒷사람 생각도 좀…. 우리 후배들이 뭘 바라보고 감독님을 받드는지 아십니까. 저희는 그래도 유일하게 감독님 한 분을 믿고 여태까지 그 어려운 영화, 어렵게 살면서도 해오지 않았습니까. 그런데 회고전을 안 하신다고 하면 저희는 무슨 희망으로 앞으로 활동하겠습니까" 김 감독이 간곡히 얘기하니, 나 자신이 부끄럽다는 생각이 슬며시 고개를 내밀었다. "그렇게 얘기한다면 할 말이 없다. 그래, 하자" 2003년 10월에 제8회 부산영화제 측은 "개막식을 할 때 꼭 참석하셔야 하고 그다음에 여러 가지 행사가 있으니까 개막 전에 오셔야 합니다"라고 연락했다. 하지만 그때도 난 갈 수가 없었다. 모든 것에 대해 겁이 났다. 개막식에 참석하는 것부터 마음이 안정이 안 되고 두려웠다. 구실을 대서 딴청을 부리다가 개막식 후 사흘 정도 지나서야 한국에 갔다. 내 두려움으로 인해 기자회견을 비롯한 여러 행사가 모두 늦어지고 말았다. 부산영화제에는 갔지만 불편하고 두려운 마음이 여전한 내게 영화인 30여 명이 찾아왔다. "그만큼 공헌해 주신 것에 대해서 우리 후배들이 선배님한테 고맙다는 인사를 드려야 하겠다"고 찾아온 것이다. 그때 후배들의 격려를 통해 겨우 다시 용기를 내 볼 수 있게 되었다. 그래서 난 후배들한테 늘 감사하며 살고 있다.

그렇게 용기를 다시 얻고 보니, 결국 내가 배운 게 영화밖에 없었으니 그다음부터는 억압되었던 영화에 대한 애정이 봇물 터지듯 터져나오게 되었다. 미국에 돌아와서 일주일에 두 번은 극장에 꼭 가기 시

216

2003 BIFF 회고전 인터뷰

2003 BIFF 회고전 사인회

작했고 혹시 못 가게 되면 온종일 영화만 하는 TV에 채널을 고정했다. 집사람이 우리나라 TV 드라마를 봐도 이제 더는 보지 말라는 소리는 하지 않았다. 회고전을 하고 나니 샌디에이고 교민들도 내가 영화감독이라는 것을 알게 되었고 생활하는 데 꽤 불편할 정도로 유명세를 치르게 되었다.

부산에서 회고전을 치른 바로 다음 해 12월 홍콩 필름 아카이브에서 회고전을 하게 되었다. 영화감독으로서의 나 자신을 공식적으로 다시 인정받은 뒤 방문한 홍콩이어서 감개무량했다. 내가 나올 때 사양길로 들어섰던 쇼브라더스의 그 유명했던 쇼 무비 타운은 폐허가 돼 있었다.

홍콩 회고전 기간 중 〈방랑의 결투〉(감독 호금전, 1966)에 나온 '무협의 여왕' 정패패라는 여배우(《와호장룡》에서 유모로 출연)와의 대담을 홍콩 최대 방송사 펄 TV에서 촬영했을 때다. 정패패가 "모나팡(쇼브라더스 설립자 란란쇼의 아내이자 쇼브라더스 경영인)에 대해 어떻게 생각하느냐?"며 말을 꺼냈다. 나는 "지금 쇼브라더스가 지구 상에서 없어진 것은 그 여자 때문"이라고 하면서 내가 알고 있는 모나팡에 대한 지난날의 이야기를 풀어나갔다. 쇼브라더스의 쇠망은 나와 모나팡의 관계가 악화되면서 시작됐다. 다른 사람들도 그다음부터 모나팡과 관계가 불편해지면서 다들 퇴사해 버렸으니 회사의 맨파워가 약해졌다. 그 여자는 영화에 대해 문외한인 데다가 회사 운영도 미숙했으니 회사가 없어진 것이라는 요지였다.

약 3시간 정도를 인터뷰하고 마무리했는데 다 끝난 후 정패패가 의

홍콩 TV 인터뷰 정찰화 감독(左) 정패패(右) 〈방랑의결투〉 주연

미심장하게 웃으면서 날 쳐다봤다. "왜 자꾸 웃으면서 날 쳐다봐?"하니 "지금 당신이 여기 앉아서 인터뷰하는 이 TV회사가 모나팡이 경영하고 있는 회사"라는 것이다. 그래서 내가 "너 그걸 알면서 왜 그 말 나오게끔 유도를 했느냐? 모나팡이 다 편집해 버리면 별로 볼 것도 없겠다"며 황망해 했다. 그러자 "그 당시의 모나팡과 지금의 모나팡은 다르다. 그만큼 그 여자가 성숙해졌다"라고 했다. 그러면서 "아마 한 컷도 안 자르고 그냥 내보낼 것"이라고 확신했다. 그 후 실제로 인터뷰 내용을 모두 방송했다고 하니, 거물이 되긴 한 모양이라고 생각했다. 의상과 검을 잘라내던 얼토당토않던 과거 자신에 대한 얘기를 모두 그대로 방송에 내보냈으니. 모나팡은 쇼라는 이름을 부활시킨, 첨단 시설을 갖춘 디지털 촬영소를 만들었다고도 한다. 그곳에서 〈킬빌〉 후반작업이 이뤄졌다고 들었다.

〈킬빌〉은 여러모로 나와 인연이 깊은 영화다. 한국 TV의 〈스펀지〉라는 프로그램에서 〈킬빌〉을 만든 쿠엔틴 타란티노 감독이 나를 찾아와 "〈죽음의 다섯 손가락〉을 오마주 하겠습니다"라고 했다지만 그건 과장된 얘기다. 다만 타란티노 쪽에서 연락이 와서 "(장면을)좀 이용하겠다"해서 "좋은 작품을 만들기 위해서는 얼마든지 허용할 수 있으니 해봐라"라고 했을 뿐이다. 타란티노가 내 작품을 좋아했다는 것은 할리우드 쪽 사람들을 통해 익히 들어왔던 터라 나 또한 타란티노 감독에 대해 관심을 가져왔다. 2004년 〈올드 보이〉의 박찬욱 감독이 칸국제영화제 심사위원 대상을 받은 것도 사실 타란티노가 심사위원장이었기 때문에 가능했다.

타란티노가 〈죽음의 다섯 손가락〉에서 음악이나 여러 장면을 빌려다 쓴 일은 프랑스에서 열렸던 내 회고전 관객과의 대화 시간에 신랄한 비판의 대상이 되었지만 난 그를 옹호했다. "나는 오히려 그것이 바람직하다고 생각한다. 그대로 모방하는 것은 안 되지만 그것을 빌려다가 자기 것으로 만들어서 새로운 것을 시도한다면 얼마든지 나는 환영한다"

로스앤젤레스의 캘리포니아주립대UCLA에서 강의할 때도 학생들이 그 부분에 대해 많은 질문을 했다. "지금 세상에서는 남의 것을 보고 그것을 내 것으로 만들 수 있는 사람이 발전할 수 있다. 그게 '발전적인 모방'이다. 똑같이 모방하는 사람은 발전이 없는 것이지만 어디까지나 나 자신의 발전을 위해 좋은 것이 있으면 얼마든지 자기 것으로 만들어서 새로운 것을 발견하면 되는 것이다. 그런 것은 바람직하다"

라고 대답해주곤 했다.

　2005년 칸영화제 클래식 부문에 초청 상영되었을 때 난 코스타리카에서 다큐멘터리를 구상 중이어서 미처 알지 못했다. 자연과 음악, 공해와 음악을 연관 지어 다큐멘터리로 만들면 남들이 안 한 것을 한번 시도해볼 수 있지 않을까 싶어 자연이 비교적 원초적인 형태로 살아 있는 코스타리카 밀림으로 들어가서 열대와 정글, 밀림 속 화사한 색깔의 조류 등을 담아내고자 현지답사 중이었다. 호텔로 돌아오니 국제 전화가 왔다. 연합뉴스 기자가 "정 감독님의 〈죽음의 다섯 손가락〉을 칸 클래식 부문에서 초청 상영하기로 했는데 연락 받으셨습니까?"라고 물었다. 난 그제야 비로소 초청 사실을 알게 됐다.

　"참석하셔야 될 것 아닙니까?" "아, 참석하고 싶지만 나 지금 코스타리카에 있어. 여기서 어떻게 가나? 시간도 임박했는데. 못 간다"라고 말할 수밖에 없었다.

The Man of Action 내 영화 인생은 아직 치열하다 　제25장

'파리 시네마 회고전의 환호' 부터
'LA 한국국제영화제 집행위원장으로서의 단상' 까지

The Man of Action — Chung Chang-Wha

2004년 파리 시장이 주최하는 '파리 시네마 인터내셔널'에서 내 회고전을 한다는 연락을 받았다. "뭐를 상영할 거냐?" 하니 〈죽음의 다섯 손가락〉과 〈노다지〉, 〈사르빈 강에 노을이 진다〉, 〈황혼의 검객〉 등을 상영한다"고 했다. 참석요청까지 해 왔다. 프랑스, 그것도 파리에서 내 회고전을 한다는데 왜 가지 않겠는가.

그해 7월. 도착한 다음 날 개막 행사에 참석했다. 1,600개가량의 좌석이 있는 고전적인 대형극장에 레드카펫이 깔렸었고 기자들이 인터뷰하는 공간도 따로 마련되어 있었다. 객석으로 들어가 앉으니 옆에 프랑스의 유명 여배우 카트린 드뇌브Catherine Deneuve가 있고 다른 쪽에는 〈플래툰Platoon〉(1986)의 올리버 스톤Oliver Stone 감독과 다큐멘터리 〈로저와 나Roser and Me〉(1989)의 마이클 무어Michael Moore 감독이 앉아 있었다.

사회자가 뭐라고 프랑스어로 진행하니 스포트라이트가 나에게 향했다. 드뇌브가 박수를 치며 자꾸 일어나라고 손짓했다. 어리둥절하며 일어났더니 모두 박수를 치고 옆에 있던 스톤과 무어가 손을 내밀어 악수를 청한다. '아, 나는 다시 이렇게 영화감독의 자리로 돌아오는구나!' 만감이 교차했다.

개막식 행사가 끝나고 파리 시장이 주관한 파티에 참석했다. 루이 왕조 시대 건물인 듯한 화려하고 웅장한 건물에서 열린 성대한 파티에는 프랑스 영화인들뿐만 아니라 유럽을 비롯한 세계 각국의 영화인들이 모여, 영화인으로서의 동질감 속에 마음을 활짝 연 채 스스럼없이 악수도 하고 사진도 찍었다. 그러던 중 프랑스 대사관 문화원장이

동부인해서 찾아와 인사를 했다. "프랑스에 파견 나온 문화원장 모철민"이라고 하면서 "회고전을 하시게 되어서 우리도 상당히 영광스럽게 생각한다"고 축하해 주었다. 사실 같은 동족끼리 관심을 두고 찾아와 준다는 것은 고마운 일이다. 낯선 도시에서 만나니 더욱 가슴 따뜻하고 훈훈했다(모철민 씨는 현재 문화체육관광부 차관으로 재직 중이다)

● 잊을 수 없는 파리 시네마 회고전의 감동

파리 시네마 회고전 때 관객의 환호와 열광은 지금도 잊을 수 없다. 객석 1,600여 석이 모두 매진되어 재상영을 하는 등 뜨거운 반응이 이어졌다. 특히 흑백영화 〈황혼의 검객〉 상영 후 관객과의 대화 중 우리나라 민족의상의 색상을 보지 못한 아쉬움을 얘기하던 관객 등 적극적이고 지적인 관객들의 호응이 뜨거웠다. 50대로밖에 안 보이는데 은퇴는 너무 이른 것 아니냐는 말씀 호사까지 덤으로 누렸다.

50대로 보이기는(!) 하지만 나도 이제 원로 영화인 대접을 받게 되었다. 그렇지만 마음 편하지는 않다. 선배가 후배한테 대접을 받아야 한다는 것도 시대착오적이라 생각하기 때문이다. 선배가 후배한테 뭘 해 줄 수 있는가를 생각하고 이바지해야 한다고 생각한다.

내가 어려운 여건 속에서도 엘에이 한국영화제*KOFFLAKorean Film Festival in Los Angeles*, 샌디에이고 한국영화제*SDKOFFSan Diego Korean Film Festival* 집행위원장을 하면서 사비를 털어가며 영화제를 지속해 온 것도 후배들에게 뭔가 남기고 싶어서였다. 로스앤젤레스는 세계 영화

▲ 2010년 제1회 KOFFLA 개막식

▲ 2010년 제1회 KOFFLA 정창화 감독의 개회사   ▼ 김정은 무대인사

의 중심지 할리우드가 있는 최적의 영화 산업 도시인데도 한국영화가 세계화하기 위한 교두보로 활용될 수 있는 영화 산업적 활동이 별반 없었다. 난 로스앤젤레스나 샌디에이고에서 몇 년 만 잘 버티면 한국 영화가 세계로 뻗어가는 베이스캠프가 될 수 있다는 확신이 들었다. 그러나 일개 민간인이 국제영화제를 꾸리기에는 역부족인지라 숱하게 무릎이 꺾이고 있다.

한국 정부가 한국영화 세계화에 대한 관심과 애정을 갖고 보다 체계적이고 전폭적으로 지원해 주기를 소망할 뿐이다. 마지막으로 열악한 조건 속에서 악전고투하는 내게 천군만마의 힘을 보태 준 이용관 부산국제영화제 집행위원장과 전찬일 부산국제영화제 연구소 소장 그리고 김경 샌디에이고 한국영화제 부집행위원장에게 특별한 인사를 드리고 싶다. "진심으로 감사합니다."

부록

죽음의 다섯 손가락
- 2005년 칸영화제 초청 -

무술영화가 최초로 거둔 국제적 승리
Un Triomphe International du cinema d'art martiaux

홍콩의 신화적인 영화사 쇼브라더스*Shaw Brothers*가 제작한 영화 〈죽음의 다섯 손가락*King Boxer*(원제: 천하 제일권)〉이 서양에서 처음 개봉되자, 거의 무명에 가까운 배우들을 기용한 저예산 제작이라는 하나의 진정한 현상이 된다.

당시 〈죽음의 다섯 손가락〉이 아시아가 아닌 미주와 유럽에서 승리를 거둔 것은 대단히 놀라운 사건이었다. 사실 홍콩에서는 별다른 흥행을 거두지 못했기 때문이다. 모영*Angela Mao* 〈합기도〉, 진관태*Chen Kuan-Tai* 〈마영정*The Boxer from Shangtung*〉, 이소룡*Bruce Lee*〈정무문 *Fist of Fury*〉 등이 출연한 영화들 중에서도 "쿵후 매니아" 층에서만 관심을 가졌었다. 그러다 〈죽음의 다섯 손가락〉의 주연배우 라열*Lo Lieh*이 마침내 홍콩 국경 너머 이름을 알리게 된 최초의 쿵푸 스타가 된 것이다. 프랑스에서 이 영화는 관객들 사이에서 집단히스테리를 야기했다. 맨주먹 격투를 보여주는 영화를 난생 처음 접했기 때문이다. 그들에게 〈죽음의 다섯 손가락〉은 한마디로, 등장인물들이 오로지 주먹의 힘으로 상대를 쓰러뜨리는 정체불명의 영상물이었다.

그리고 한 세대 전체에게 깊은 영향을 미친 일종의 컬트영화인 셈이다. 젊은이들은 그 영화를 보고 또 보러 갔다. 그리하여 영화관을 나설 때에는 영화의 액션 장면들을 똑같이 흉내 낼 정도였다. 미국에서는 380만 달러, 프랑스에서는 30만 프랑 이상을 벌어들였다. 그리고 이태리에서는 150만 달러의 수입을 거두었다. 이 영화가 영국에 이어 유럽 대륙 전역에서 엄청난 성공을 거두기 전, 쿠엔틴 타란티노Quentin Tarantino도 영화를 보고 〈트라우마〉에 가까운 충격을 받은 바 있다. 그 후로 타란티노 감독은 이 영화를 아끼는 작품들 중 하나로 꼽게 되었고, 후일 〈죽음의 다섯 손가락〉에 대한 오마주로서 음악과 일부 미장센 효과(그 유명한 적색 필터)를 자신이 감독한 〈킬빌Kill Bill〉에 차용하기도 했다. 라열은 유가량Liu Chia-Liang 감독의 〈홍희관Executioners From Shaolin〉에 이어 〈홍문정삼파백련교Clan of the White Lotus〉에 등장하는 권모술수에 능한 인물 백미도인 역을 연기하기도 하였는데, 후에 타란티노의 영화에서 같은 역할로 출연할 예정이었으나 불행히도 사망하는 바람에, 〈죽음의 다섯 손가락〉이 개봉한지 6년이 지나서야 촬영에 들어갔던 유가량 감독의 〈소림 36방The 36th Chamber of Shaolin〉으로 무협 장르에 깊은 영향을 미친 쿵푸 영화의 또 다른 스타 유가휘Gordon Liu에게로 배역이 넘어가게 되었다. 〈죽음의 다섯 손가락〉의 숱한 결투를 모두 평정한 것은 바로, 〈마영정〉(1972)에서 잊지 못할 격돌장면들의 액션을 담당했던, 유가량 감독의 동생, 유가영

*Liu Chia-Yung*이다. 이 무술감독이 당시 Cheng Chang-Ho 라는 중국식 예명으로 잘 알려져 있던 한국의 정창화 감독과 공동 작업을 하게 된 것은 〈아랑곡*Valley of the Fangs*〉(1970) 이후로 두 번째였다.

특히 당시 Cheng Chang-Ho 라는 중국 이름으로 잘 알려져 있던 한국의 영화인 정창화는 오늘날 아시아 액션 영화의 살아있는 전설로 여겨지고 있다. 2003년 부산 국제 영화제는 물론 2004년 파리시네마 영화제에서 그에 대한 경의의 표시로 회고전이 열리기도 했다. 25년의 이력 중 무려 50여 편 이상의 작품을 만든 정창화 감독은, 한국 내에서 이러한 무협액션 장르의 개척자였다. 동시에 홍콩에서는 아시아 액션영화가 세계적 인기를 얻는데 기여한 공로자이기도 하다.

영화 〈판토마*Fantomas*〉에 등장하는 가면으로 자신의 정체를 숨긴 변신귀재의 이야기를 여성판으로 리메이크한 〈천면마녀*Temptress of a 1000 Faces*〉는 정창화 감독이 처음으로 홍콩에서 촬영한 영화로, 유럽에 수출된 최초의 홍콩영화이기도 하다.
1973년, 〈죽음의 다섯 손가락〉은 최초로 미국에 수출되어 개봉 첫 주간 미국내 배급 외화의 모든 흥행기록을 깨며 박스오피스에서 선두를 달렸다.
물론, 이것은 해외에서 승리를 거둔 최초의 〈쿵후〉 영화 (프랑스에서는 〈가라데 영화〉로 불렸지만)이기도 했다. 영화의 성공에도 불구하고 정창화 감독에 대한 재평가는 이루어지지 못했다.

당시 한국 평단에서 정창화 감독이 상업 영화를 만들기 위해 고국을 떠났다는 점을 두고 비난을 퍼붓는 바람에 일이 순조롭게 진행될 수가 없었던 것이다. 그를 〈상업 감독〉이라고 폄하하며, 결코 작가 반열에 오를 수 없는 단순 영화인cineaste로 분류하였다. 그럼에도 불구하고 그는 임권택(취화선), 강대진을 비롯하여, 자신과 같은 시기에 골든하베스트 사에서 일을 하고 있던 오우삼John Woo(윈드토커 Windtalkers) 같은 유명 감독들의 멘토였다.

1928년에 출생한 정창화 감독은 최인규 감독의 영화 〈자유만세Viva Freedom〉를 보고 영화에 관심을 갖게 된다. 그리하여 자신이 존경해 마지 않던 최인규 감독의 조수가 되어 4년간 그의 곁에서 연출을 배우게 된다. 이후 부친의 도움으로 자신의 첫 작품 〈최후의 유혹The Last Temptation〉을 통해 감독으로 데뷔한다. 1960년에는 라디오방송용 로맨틱 시리즈물을 각색한 〈햇빛 쏟아지는 벌판Sunny Fields〉을 영화화하여 한 달 이상 연속 상영으로 박스오피스에서 성공을 거두게 된다. 이어 1966년에는 홍콩과 한국에서 합작한 첩보영화 〈순간은 영원히Special Agent X7〉를 선보였다. 이 영화는 당시 홍콩 최대 영화사였던 쇼브라더스의 사장 란란쇼Run Run Shaw의 관심을 끌게 된다. 그리하여, 란란쇼와 수년간의 전속계약을 맺는다. 그러면서 정창화는 한국을 떠나 홍콩으로 가게 되었다. 〈천면마녀〉의 성공은 그에게 더할 나위 없는 기쁨을 주었지만, 동시대 영화의 틀 안에 갇혀있기를 원치 않았던 그는 통상적으로 자국의 역사를 잘 아는 현지 감독들이 주로 취급하는 정통무협영화를 찍자고 란란쇼를 설득하였다. 그렇게 만들어진 작품이 바로 〈아랑곡Valley of the Fangs〉로 배우 라열과 함께 작업한 최초의 작품으로 기록된다. 그는 〈죽음의 다섯 손가락〉으로 대성공을 거두기 전에도 여러 무술영화들을 찍었다.

추문회Raymond Chow가 골든하베스트 사를 설립하기 위해 쇼브라더스사의 문을 박차고 나갈 당시 몇몇 감독들을 함께 데리고 갔는데 그들 중 한 명이 정창화였다. 정창화는 골든하베스트 사에서 활동을 하면서도 자신이 가장 통달한 액션영화 제작을 멈추지 않았다. 특히 배우인 홍금보Sammo Hung를 여러 차례 지도하였고, 모영Angela Mao이 출연한 수작들 중 하나인 〈파계Broken Oath〉(1977)를 찍으면서 영화인으로서의 이력을 마감하였다. 그로부터 2년 후 한국으로 돌아와 자신의 영화제작사인 화풍영화사를 설립하고, 1987년 은퇴할 때까지 제작자로서 활동하였다.

단결은 힘이다
L'union Fait La Force

쇼브라더스사가 〈천면마녀〉(1969) 촬영을 위해 정창화 감독과 계약했을 때 그것이 홍콩과 한국의 최초 공동 작업은 아니었다. 이미 10년 전부터 한-홍 합작이 시작되었던 것이다. 실제로 1958년 영화제작자인 런미쇼*Runme Shaw*(Shaw and Sons사)와 임화수(한국연예주식회사)가 홍콩, 마카오, 서울 등지에서 촬영한 로맨틱 멜로드라마 〈이국정원 *Love with an Alien*〉이 바로 첫 합작품이다. 이 최초의 시도가 아주 결정적인 성과를 내지는 못했지만, 〈천면마녀〉는 특히 한국에서 흥행함에 따라 란란쇼는 한-홍 합작의 이점을 온전히 누릴 수 있었다.

60년대에 들어서면서 한국영화는 동남아시아 영화들에 비해 질적인 면에서 수준이 매우 높다는 평가를 받았다. 한편 쇼브라더스사에는 사실상 야외촬영을 할 만한 장소가 없었기 때문에, 실내장면은 스튜디오 안에서 촬영하더라도 실외장면 만큼은 한국에서 촬영하기를 홍콩 감독들은 원했다. 1964년이 되자 신상옥 감독이 이끄는 신 필름(한국최대영화제작사)과 쇼브라더스사는 역사드라마 〈달기*The Last Woman of Chang*〉(1964) -웅장한 전투장면을 찍는데 천명이 넘는 단역배우들이 동원되었다- 나 관음보살의 이야기를 담은 〈대폭군〉 (1966)(원제:관세음*The Goddess of Mercy*) 같은 대규모 스펙타클 영화를 제작하였다. 이어서 소설 〈철가면〉을 각색한 〈철면황제*The King with my face*〉가 제작되는 등 두 영화사 간의 협력은 계속되었다.

당시 홍콩영화계에는 여성 스타들이 지배적이었다. 그렇다보니, 이 같은 공동제작을 함에 있어서 남성적 인물들을 제대로 구현하려면 홍콩인보다 -스크린에서 훨씬 더 남자답게 여겨지는- 한국인들의 도움을 청하게 되는데, 쇼브라더스사로서는 제작한 영화들이 박스오피스에서 승리를 거두기만 한다면 문제될 것이 없었다. 쇼브라더스사가 고용하고 있던 재능 있는 극소수의 홍콩 감독들에게는 사실상 마음에 들지 않은 일이었지만, 쇼브라더스사는 일본(예를 들면, 자신의 작품들 중 절반이 이미 홍콩에서 리메이크된 바 있는 이누에 이메추구*Inoue Imetsugu*)과 한국(정창화, 란란쇼가 초빙한 최초의 감독) 출신의 외국 감독들을 채용하기로 결정하였다.

이후 정창화는 〈죽음의 다섯 손가락〉이 전 세계적인 승리를 거두었음에도 불구하고 여성 제작자 방일화*Mona Fong*(*인터뷰 참조)와의 갈등으로 쇼브라더스사를 떠나게 된다. 그리고 한국과의 합작이라는 쇼브라더스와 같은 길을 선택한 골든하베스트사를 위해 일을 하게 된다. 오우삼 감독의 초기 영화들 중 하나인 〈소림문*The Hand of Death*〉(성룡과 홍금보 출연)은 무술영화 분야에서 한국과 홍콩이 맺은 최초의 관계로 기록된다. 이 무협 장르에 해당하는 수많은 영화들이 황풍*Huang Feng*과 정창화 같은 감독들에 의해 한국에서 촬영되었다. 〈죽음의 다섯 손가락〉에서처럼 당대의 무술영화들이 애호하던 악당은 주로 일본인이고 다소 희화적으로 묘사되었다. 시간이 흐를수록 점점 더 많은 한-홍 합작 영화들이 쏟아져 나오는 가운데, 수익성은 여전하나 점점 더 '저렴한' 예산으로 제작하다 보니 그 질이 저하되었다. 이후 수십 년이 지나서야 이들 두 나라간의 제휴가 다시 활기를 되찾는 듯이 보였다. 특히 판타지 분야에서 그러하였는데 〈쓰리*Three*〉(2002)와 〈쓰리, 몬스터*Three...Extremes*〉(2005)가 그 대표작들이다.

정창화 감독과의 인터뷰

Entretien avec Chung Chang-Wha

〈죽음의 다섯 손가락〉은 어떻게 탄생하게 되었나요?

〈죽음의 다섯 손가락〉은 홍콩에서 촬영한 나의 세 번째 작품입니다. 당시만 해도 사람들이 그런 영화는 홍콩 감독만이 만들 수 있는 거라고 생각했습니다. 그런데 제가 도전장을 내민 거죠. 당시 대부분의 홍콩 영화인들은 미장센 보다는 오로지 무술 테크닉과 검술에만 의존하고 있었습니다.

제 전공이 중국어이다 보니 나름대로 여러 서점과 도서관을 찾아가 새로 촬영할 영화에 담고 싶은 것을 연구, 분석하려고 노력했습니다. 그 결과 중국의 신비하고 환상적인 이야기들을 상당수 찾아낼 수 있었죠. 이 모든 것을 영화 속에 결합시킨다면 대중에게 두루 인정받을 수 있는 작품을 만들 수 있으리라 생각했습니다.

홍콩영화를 해외에 수출하여 전세계 관객들에게 감동을 주는 것이 바로 성공의 출발점이라고 본 겁니다.

〈죽음의 다섯 손가락〉의 성공이 있었기에, 해외로 배급된 홍콩영화들의 큰 물결을 타고 이소룡의 영화들이 탄생될 수 있었던 거죠. 제 생각에 영화에는 국경이 없다고 봐요. 영화만이 우리 모두를 하나의 공간 안에 묶을 수 있다고 생각합니다.

감독님의 영화 중 20%만이 홍콩에서 만들어졌는데요, 언제 처음 데뷔하셨는지, 또 당시 한국의 시대적 상황은 어떠했는지요?
제가 한국에서 영화를 연출할 때만 해도 매우 불안정한 상황에서 어려움을 겪던 시기였습니다. 감독이 모든 것을 혼자서 다 해야 했거든요. 요즘에는 한국도 달라졌습니다. 배급자가 따로 있고, 시장도 훨씬 더 커졌으며, 특수효과와 무술 테크닉도 많이 발전했거든요. 또한 재능 있고 젊은 감독들이 다수 배출되고 있습니다. 지금은 감독들이 상당히 안락한 환경에서 활동을 할 수 있지만, 저희 세대에는 밤을 거의 지새우다시피 하고 겨우 3시간 자면서 영화를 만들었거든요. 그저 열정 하나만으로 버티며 일을 해낼 수 있었죠. 반면, 홍콩에서는 상당한 재정적 수단이 감독의 재량에 맡겨져 있고 스태프들도 실력이 뛰어나더군요. 단 한 가지 중요한 것은, 좋은 영화를 만들고, 또 그 영화가 대중의 마음에 드는지 아닌지를 아는 것이었습니다. 바로 이런 자유 덕분에 〈죽음의 다섯 손가락〉 같은 영화를 만들 수 있었던 거죠.

매우 적은 예산(30만 달러)으로 만든 영화가 미국에서 300만 달러의 수익을 안겨주었습니다. 이러한 성공이 이후 감독님께 더 많은 자유를 가져다주었나요?
저는 이미 한국에서 저예산으로 영화를 만드는데 익숙해져 있었고, 쇼브라더스사에 도착했을 때에도 비슷했습니다. 여세를 몰아 계속 나아 갔죠. 예를 들어, 라열이 연기했던 주인공역이 있으면, 저는 처음부터 다른 배우가 연기하기를 바라는 거죠. 하지만 당시 어떤 홍콩 감독들 은 무슨 수를 다 써서라도 제가 다른 배우를 찾아내지 못하도록 방해 했습니다. 자기들이 스타배우들을 선점해두고 빼앗기지 않으려는 거 죠. 당시만 해도 라열은 다른 배우들에 비해 몸값이 덜 나가는 배우였 습니다. 그렇기 때문에 예산을 상당히 절약할 수 있었던 거죠. 〈죽음 의 다섯 손가락〉의 엄청난 성공으로 라열은 스타가 되었죠.

예전에 〈아랑곡〉에서 라열과 함께 작업하신 적 있으시죠. 실제로 〈죽음의 다섯 손가락〉 이전에 검술 영화는 물론이고 섹시 스파이 영화 〈천면마녀〉 등 매우 다양한 장르에 손을 대셨는데요, 각 장르 마다 어떤 식으로 접근하십니까? 특히, 평소 무술과 친숙하신가요?
저는 홍콩에서 영화를 만들기 위해 쇼브라더스사의 초청을 받았습니 다. 영화사에서는 제게 〈천면마녀〉를 감독해달라고 요청했죠. 이 영화 는 영화사에서 다른 감독들에게도 보여준 하나의 모델 같은 겁니다. 사실 현대적인 영화는 놔두고, 검술 및 무술 영화에 좀 더 몰두하고 싶었습니다. 그러자 쇼브라더스 사장은 저를 쳐다보며 당신이 무술영 화를 만들 수 있다고 생각하냐고 물었죠. 저는 도전장을 내밀었습니 다. 그리고 필름이 돌아가는 순간 모든 장르의 영화에서 재능을 맘껏 펼칠 수 있는 감독이 되는 것이 나의 의지였기에, 제안 받은 프로젝트 가 어떤 것이든 매 장르에서 탁월함을 보여주고자 나의 기량을 최대

240

한 쏟아 부었습니다. 무술영화 〈아랑곡〉에서 저는 쇼브라더스사를 위해 내 모든 재능을 펼치려고 노력했죠.

60년대에도 쇼브라더스 영화사가 한국과 공동으로 영화 촬영을 많이 했었죠? 쇼브라더스 사가 감독님을 홍콩으로 오시라고 했을 때 한국에서 부분 촬영 중이셨나요? 실외장면 같은 거 말입니다. 그리고 당시 감독님은 홍콩에서 혼자 계셨나요? 아니면 한국 스태프들과 함께 작업하셨나요?
사실 1965년부터 홍콩 영화사와 일을 하기 시작했습니다. 그렇지만 홍콩에 처음 초빙될 당시에는 〈순간은 영원히*Special Agent X7*〉를 연출하기 위한 것이었습니다. 제가 중국어를 배운 덕에 의사소통은 그럭저럭 가능했지만, 간혹 어려움이 있는 경우에는 통역의 도움을 받았습니다. 그리고 기술팀에 한국인 조감독 2명이 있었습니다.

〈죽음의 다섯 손가락〉의 성공 이후 쇼브라더스 사는 감독님께 특별한 대우를 해드렸을 법도 한데요. 그럼에도 불구하고, 이 영화가 쇼브라더스 사와 함께한 감독님의 마지막 영화가 되었습니다. 감독님께서 곧바로 골든하베스트사와 일하기 위해 쇼브라더스를 떠나셨기 때문이죠. 대체 무슨 일이 있었던 건가요?
〈죽음의 다섯 손가락〉이 성공하자마자 저는 쇼브라더스사의 차기 신작을 준비 중이었습니다. 그런데 사장은 저보다 나이가 많다 보니 영화에 관한 견해가 저와는 매우 달랐던 겁니다. 게다가 제작자인 방일화*Mona Fong*에게 모든 관리감독을 책임지게 했죠. 제가 이상적으로 생각하는 것은 제작자와 촬영팀이 최대한 서로에게 귀를 기울이고 소통하는 것이었는데 실제로는 그렇지 않았던 거죠. 예컨대 특정 소품을 요청했으나 미니어처를 주더군요. 표준 사이즈의 진검을 원하는데 말이죠. 방일화는 대답하길 예산 절감을 해야 한다고 했고, 저는 제가 가지고 있는 것과 타협을 할 수밖에 없었습니다. 그래서 주저 없이 골든하베스트사로 떠났던 것입니다. 제작자의 역할은 감독을 지원하는 것이라고 봅니다. 저는 그녀와의 의사소통이 불가능함을 깨달았죠. 그리고, 방일화에게 자리를 빼앗겼던 추문회*Raymond Chow*는 새로운 회사를 설립하기로 결심하고, 저를 비롯한 몇몇 감독들을 끌어들여 골든하베스트사를 창립하였습니다. 워낙 젊은 신생 회사였기 때문에 인프라가 쇼브라더스사와는 비교도 안 되는 수준이었지만 이미 한국에 있을 때 열악한 조건에서 작업하는데 익숙했던 터라 쉽게 극복할 수 있었죠.

감독님은 미국 서부영화의 영향을 받으신 건가요?
당시 한국에서는 이미 많은 서부영화들이 소개돼 있었고, 국내 제작 분위기는 상당히 침체돼 있었습니다. 다들 한국영화가 완전히 사라져 버릴 것 같은 위기감을 느끼고 있었죠. 그래서, 저는 그 문제에 대해 생각해보았습니다. 관객들은 어째서 그토록 미국영화에 사로잡혀 있는 것일까?
우선 예산 문제에 있어서는 미국영화를 따라잡기란 불가능했습니다.

그렇다면 아주 템포가 빠르고 박진감 있는 영화를 만들되 전형적인 한국적 액션 장면들이 필요했던 거죠. 그 즈음 〈셰인Shane〉이 막 개봉했다는 소식을 들었습니다. 이 영화는 당시 유명감독인 조지 스티븐스Georges Stevens의 영화였죠. 아주 일관된 템포의 영화였습니다. 그러면서도 상당한 긴박감이 있었죠. 저는 이 영화를 통해 많은 것을 배웠습니다. 속도, 몽타주, 템포 등의 개념 말입니다. 특히 이 영화를 똑같이 모방하는 것이 아니라 전형적인 한국영화를 만드는데 이러한 기본 개념들을 활용하고 싶었죠. 그러면 미국영화를 즐기는 관객들도 그 영화를 보고 싶어 할 거라고 생각했습니다.

몽타주(편집) 작업은 어떤 식으로 하셨나요?
당시 홍콩 감독들은 와이어 기술을 많이 사용했습니다. 반면 저는 속도감을 더하기 위해 트램폴린 기술을 선호했죠. 동시에 피사계 심도depths of field, 다분할 장면과 인서트 등을 많이 이용했습니다.

〈죽음의 다섯 손가락〉의 액션 장면들에 관해 그간 말씀하지 못한 것이 있나요?
저는 당시 최고 수준의 무술감독을 원했습니다. 하지만 저를 시기하는 일부 홍콩 감독들의 방해가 있었죠. 그래서 불가피하게 무술감독 조수 중에서 "류가량"이라는 사람을 저의 영화에 첫 무술감독으로 데뷔시켰고, 류가량은 그런 저의 의도를 잘 이해하고 작품에 많은 힘을 보탰습니다.

쿠엔틴 타란티노 감독이 〈킬빌〉에서 감독님 작품을 오마주한 것에 대해 어떻게 생각하십니까?

〈킬빌〉 시리즈 2편 모두 너무도 좋았습니다. 타란티노 감독은 제가 무척 좋아하는 사람이고 〈죽음의 다섯 손가락〉에 대한 오마주도 아주 마음에 듭니다. 이 감독이 제 영화를 모방하여 자신만의 방식으로 훌륭한 영화를 탄생시켰죠. 저는 사실 〈킬빌〉을 보고 대단히 감동 받았습니다. 〈킬빌〉에서 저의 영화를 오마주 한 장면들 중에는 머리로 공격하는 박치기 기술도 나오는데, 이것은 한국의 북쪽지방 사람들이 많이 쓰는 것입니다. 이후 다른 많은 영화에서도 그 기술을 볼 수 있었죠. 〈죽음의 다섯 손가락〉에서 저는 각 동물의 특징적인 자세들을 모티브로 해서 무술 동작에 응용했습니다. 제가 하나의 이야기를 상상하게 된 것은 바로 이때부터입니다. 사람들이 날아다니는 장면들은 수탉이나 독수리의 비행법에서 힌트를 얻은 것이죠. 오늘날 아시아에서 한국영화가 점차 호평을 받고 있습니다. 한편 홍콩영화는 텔레비전에 훨씬 더 비중을 두고 그쪽으로 방향을 틀었죠. 지금 한국에는 훌륭한 영화를 만드는 재능 있는 젊은이들이 아주 많습니다.

2005년 칸영화제 클래식 부분 초청 상영 된 〈죽음의 다섯손가락〉
쿠엔틴 타란티노 감독의 '세계 영화사 걸작 10편"로 선정

정창화 감독, 한국 장르영화의 개척자

박 선 영 • 고려대학교 한국사 연구소 연구교수

정창화 감독을 이야기할 때 많은 사람이 가장 먼저 떠올리는 것은 그가 '한국 액션영화의 대부'로 불린다는 사실과, 쿠엔틴 타란티노 감독이 〈킬빌Kill Bill〉(2003)에서 그의 영화 〈죽음의 다섯손가락Five Fingers of Death〉(홍콩 개봉명 〈천하 제일권〉, 유럽 개봉명 〈King Boxer〉)을 오마주했다는 사실 일 것이다. 그만큼 정창화 감독의 영화 세계에서 액션 영화가 중요하다는 것은 두말 할 필요도 없다. 그러나 정창화 감독은 액션 영화뿐만 아니라 다양한 장르영화들을 개척하고 발전시키면서 자신만의 영화 세계를 완성시켰다는 데 있어 중요하다. 그의 영화에는 분명한 장르적 자의식이 존재하며, 그것은 '대중영화 감독'으로 자신의 정체성을 일찌감치 결정했던 정창화 감독의 의도된 선택이었다고 볼 수 있기 때문이다. 이 글은 정창화 감독의 영화 활동을 중심으로 그가 구축해온 영화 세계를 조명하고, 그의 초기 걸작 중 한 편인 〈노다지〉에 대해 이야기해보고자 한다.

한때 성악을 공부했던 정창화는 최인규의 〈자유만세〉(1946)를 본 뒤 영화감독을 꿈꾸게 된다. 고려영화주식회사의 사장이자 최인규 감독의 형이었던 최완규와 친분이 있었던 아버지를 통해 최인규 감독의 문하로 들어가게 된 정창화는 홍성기, 신상옥과 함께 연출부 생활을 하면서 영화현장에 뛰어들었다. 〈국민투표〉(1948)부터 〈파시〉(1949)까지, 4편의 영화를 찍는 동안 최인규 감독의 조감독을 맡았던 정창화는 콘티를 공개하지 않는 감독의 성향 때문에 스스로 콘티를 그려가며 영화 연출의 기본기를 다졌다. 전쟁 전 〈유혹의 거리〉로 데뷔작을 준비하던 그는 전쟁 통에 화재로 원판을 소실하고, 1954년에 〈최후의 유혹〉으로 데뷔하지만 크게 주목받지는 못했다. 이후 〈장화홍련전〉(1956)으로 흥행에 성공하면서 〈풍운의 궁전〉(1957), 〈사랑이 가기전에〉(1959), 〈후라이보이 박사 소동〉(1959) 등 다양한 장르영화를 연출할 기회를 만나게 된다. 〈햇빛 쏟아지는 벌판〉(1960)부터 본격적으로 액션영화를 연출하게 되는데, 이때부터 속도감 있는 내러티브 전개와 빠른 편집, 다양한 특수 효과와 강렬한 메시지를 바탕으로 하는 '정창화표 액션'의 기틀이 다져진다. 액션영화 연출에 대한 애착은 〈노다지〉(1961), 〈지평선〉(1961), 〈수색대〉(1964), 〈사르빈 강에 노을이 진다〉(1965) 등 이 시기 주요 작품들로 이어져 정창화 초기 걸작들을 탄생시켰다. 〈위험한 청춘〉(1966), 〈위험은 가득히〉(1967), 〈조용한 이별〉(1967)과 같은 청춘영화와 멜로드라마, 〈황혼의 검객〉(1967)과 같은 사극풍의 액션물에서도 그는 당대 관객들과 조우할 수 있는 짜임새 있는 이야기 구조와 신선한 감각을 선보이며 호평을 받았다.

한국영화의 침체 원인이 천편일률적인 이야기 구성과 정적인 구도에 있다고 파악한 정창화는 역동적인 화면 구성과 박진감 넘치는 미장센을 만들기 위해 노력했다. 또한 편집의 중요성을 파악하여 빠른 장면 전개로 관객들의 흥미를 이끌어냈고, 다양한 기법들을 실험하면서 사실적이고 실감나는 화면을 연출하고자 했다. 예를 들어 만주를 배경으로 독립군 이야기를 다룬 〈지평선〉은 만주 대륙물의 시초이자 이후의 유행에 큰 영향을 끼친 작품이었는데, 이 영화에서 그려진 만주나 〈사르빈 강에 노을이 진다〉에서 재현한 버마의 풍광은 현지 로케이션을 방불케 했다는 평을 들었다. 이는 당시의 열악한 한국영화 현장에서 아이디어와 열정으로 빚어낸 성과였다. 무엇보다 끊임없이 새로운 이야기와 기법을 추구해온 집념은 특히 액션영화에서 빛을 발했다. 한국에서는 처음으로 액션 장면에서 트램펄린을 사용했다는 증언이나 검술 장면에서 연기의 부족함을 몽타주 화면 편집을 통해 극복했다는 증언 등은 그가 실감나는 화면 구성을 위해 끊임없이 고민하는 감독이었음을 방증해주는 예라 할 수 있다.

정창화는 초기 한·홍 합작영화 제작에서도 중요한 역할을 담당했다. 2013년에 한국영상자료원에서 발굴한 〈이국정원〉(정찬근·도광계·와카스키 미쓰오, 1957)이 최초의 한·홍 합작영화였는데, 정창화의 〈망향〉(1958) 역시 초기 합작영화 중 한 편이었다. 정창화 감독의 멜로드라마를 주의깊게 봤던 홍콩의 제작자들은 그에게 주로 멜로드라마를 요구했는데, 〈조용한 이별〉(1967) 〈비련〉(1967) 등이 이때 만들어진 영화들이었다. 한편 정창화를 홍콩의 쇼브라더스에서 스카우트하게 된 결정적인 계기가 된 것은 〈순간은 영원히〉(1966)로, 한·홍 합작이었던 이 영화에서 정창화가 홍콩 시가지를 배경으로 총격전을 실감나게 담아낸 장면을 보고 현대를 배경으로 한 액션영화와 멜로드라마의 연출을 의뢰하게 된 것이었다.

홍콩으로 간 정창화는 당시 아시아의 할리우드라고 불렸던 쇼브라더스의 쇼무비 타운의 막대한 규모와 첨단 시설 그리고 체계적인 제작 시스템을 통해 새로운 작품 세계를 열어가기 시작했다. 이곳에서 연출한 첫 영화 〈천면마녀〉(1969)는 홍콩영화 최초로 유럽에 수출된 작품이기도 했다. 이후 정창화는 중국 감독의 전유물로 여겨졌던 무협영화로 무대를 옮겨, 〈여협매인두〉(1970) 〈아랑곡〉(1970) 〈래여풍〉(1971) 등의 영화를 연출한 뒤 〈죽음의 다섯 손가락〉(1972)을 만들었다. 잘 알려진 바와 같이 〈죽음의 다섯 손가락은〉은 미국 개봉 첫 주 흥행 1위를 차지하고, 그해 한국에서는 감독이 '정창화'라는 사실을 모른 채, 이 영화의 미국 흥행 소식을 전하면서 홍콩영화의 선전을 타산지석 삼아 한국영화도 새로운 아이디어 개발에 전념해야 한다는 기사가 실리는 해프닝이 벌어지기도 했다.("중국 무술영화 미국서 히트: 〈죽음의 다섯 손가락〉 동양의 마카로니 웨스턴으로 각광", 〈조선일보〉 1973.04.29., 5면)

이후 쇼브라더스의 제작 총책임자였던 레이몬드 초우가 골든하베스트를 설립하면서, 정창화는 이 신생 영화사의 창립 멤버로 들어가게 된다. 〈흑야괴객〉(1973), 〈염굴신탐〉(1974) 등의 영화 4편을 연출한 뒤 한국으로 돌아와 화풍흥업주식회사를 차린 정창화는 홍콩의 선진화된 제작 시스템을 도입하여 전문 프로듀서를 양성하는 등 한국영화계에 새로운 활력을 주고자 노력하였으나, 기존 업자들과의 마찰 및 정권 교체의 영향 등으로 재정적 어려움에 처하게 된다. 양질의 영화를 수입하고 홍콩과 합작영화를 추진하여 활로를 모색하였으나, 결국 1986년 〈수렁에서 건전 내 딸 2〉(김호선)를 마지막으로 작품 제작에서 손을 떼게 된다. 그리고 2003년, 제8회 부산국제영화제 한국영화 회고전을 통해 재조명 되면서 정창화는 "한국 액션영화의 전설"로 귀환한다. 이후 2004년에 홍콩필름아카이브와 파리 인터내셔널 필름 페스티발 등에서 회고전이 개최되었으며, 2005년 칸 영화제 클래식 섹션에 〈죽음의 다섯 손가락〉이 초청 상영되는 등, 그의 작품들이 다시 한번 세계적으로 조명 받는 기회가 만들어졌다.

현재 한국영상자료원에는 정창화의 연출작 52편 중 20여 편의 필름만이 남아있다. 특히 동남아시아에서의 인기가 높았던 탓에 그의 영화들이 원판 채 수출되어 회수하지 못했다는 점은 참으로 안타까운 일이다. 그러나 남아 있는 영화들을 통해서, 그리고 여전히 현역임을 자처하는 전설적인 감독 그 자신을 통해서, 그의 다양한 장르적 관심과 실험들 그리고 적극적으로 관객과 소통하고자 했던 '대중영화' 감독으로서의 열정을 확인할 수 있는 것은 매우 큰 행운임이 틀림없다. 신상옥, 유현목, 김기영, 이만희 등 동시대 감독들과는 확연히 다른 길을 걸어왔으나 대중영화의 미덕에 대한 확고한 신념을 바탕으로 동아시아를 누비며 '재미있는' 영화 만들기를 지속해 온 정창화 감독의 이력과 그의 영화들은 그 자체로 한국영화의 역사이며 소중한 자산이다.

〈노다지〉는 정창화 감독이 〈햇빛 쏟아지는 벌판〉으로 흥행 감독 반열에 올라서고 난 뒤 제작된 초기 걸작 중 한 편이다. 그리고 앞서 언급한 것처럼 장르영화에 대한 자의식이 충만하게 반영되어 있으며 속도감 있는 내러티브와 빠른 템포의 편집 그리고 강렬한 메시지와 다양한 특수 효과를 찾아볼 수 있는 정창화 스타일의 대표적인 영화라고 할 수 있다.

이 영화가 제작되던 1960년대 초반, 한국영화계는 멜로드라마가 절대 우위를 차지하는 가운데 다양한 장르의 영화들이 제작되기 시작했으며, 그 가운데에서도 인기 있는 장르를 중심으로 하위 장르들이 분화되던 시기였다. 무엇보다 가족을 중심으로 하는 가족 멜로드라마, 혹은 가족 희극드라마라고 불리는 장르들이 신문 광고와 홍보 문구를 통해 새로운 관객층에게 어필하던 시기였다. 〈노다지〉는 이미 멜로드라마에서 두각을 드러냈던 정창화 감독이 〈햇빛 쏟아지는 벌판〉으로 액션에서의 재능을 발견하고 난 뒤 만들어진 영화였다. 그리고 그가 흥행 감독으로서의 입지를 굳히고 난 직후에 제작된 영화이기도 했다. 이런 맥락 속에서 탄생한 영화답게, 〈노다지〉는 가족 드라마로 회귀하는 결말부에 다다를 때까지 갱스터와 느와르, 멜로드라마 그리고 코미디와 액션에 이르는 다양한 장르의 관습을 활용하고 변주하면서 독특한 영화 세계를 창조한다. 또한 이국적이면서 장르적인 공간을 설정하고 비약과 생략을 통해 과감하고도 압축적인 시간을 제시하면서, 그 속에서 사금을 둘러싼 자본주의적 욕망으로 비뚤어지고 소외된 인간군상을 촘촘하게 배치한다.

사금에 미쳐 가족을 버린 장운칠과 박달수, 어린 시절 운칠에게 버림받고 갱원이 된 딸 영옥과 그녀를 사랑하게 된, 달수의 아들인 선원 동일, 그리고 영옥이 몸담은 갱의 황돼지 일당과 운칠의 옛사랑인 바마담, 각종 사기꾼들(김희갑, 구봉서, 양훈 등)의 존재는 이 영화에 다양한 장르성을 부여하는 일종의 장치들이다. 예컨대 영옥이 갱 노릇을 하는 밤거리나 황돼지 일파가 거주하는 공간은 느와르적 색채가 매우 짙으며, 특히 동일과 황돼지가 만나는 장면의 미장센 구성과 조명 활용, 잘 짜인 액션의 합과 몽타주 편집은 정장화 감독의 탁월한 장르 감각을 보여준다. 또한 운칠과 달수가 산에서 보낸 20년이 세 번의 자막으로 설명되는 신이나, 엄마 잃은 딸이 불쌍해서 산으로 데리고 왔다가 버리는 순간까지의 운칠의 마음 변화를 보여주기 위해 산을 넘는 장면을 반복, 변주하는 신은 정창화의 '속도감 있는' 내러티브와 편집을 보여주는 대표적인 장면들이라 할 수 있다.

이 영화의 장르적 특성만큼 주목해 볼 만한 것은 배우들의 연기이다. 특히 운칠 역을 맡은 김승호와 달수 역을 맡은 허장강의 연기력은 이미 검증된 바이거니와, 이 영화에서 두 사람의 연기 호흡은 최고의 앙상블을 이룬다. 허황한 꿈을 좇다가 마침내 그 꿈이 현실이 되는 순간 내면 깊숙이 숨겨두었던 추악한 본능이 되살아나는 모습, 제 정신을 차리고 난 뒤의 공허한 눈빛, 그리고 사금을 발견한 그 순간에도 자신이 버린 딸이 아니라 옛 여인을 먼저 생각하는 이기적이고도 비정한 한 남성의 복잡한 심리 등은 이들의 뛰어난 연기력으로 한결 생명력을 얻게 되는데, 이는 또한 인물들의 성격을 치밀하게 구성해 쌓아간 연출의 성과이기도 하다.

결말 부분에서 운칠과 영옥의 화해가 다소 갑작스럽게 이루어지는 것은 당시 유행하던 가족 멜로드라마적인 엔딩이라고 보아도 무방할 듯하다. 특히 아버지의 유품으로 '총'을 건네받은 동일이 다리를 다친 운칠을 부축하고 영옥과 함께 산을 내려옴으로써 새로운 가부장의 자리를 차지하게 될 것이라는 암시는 이 영화가 보여준 강렬한 장르적 쾌감을 순화시키는 역할을 한다. 마치 액션과 느와르, 갱스터의 세계를 벗어나 이제 가정을 버리지 않을 새로운 아버지가 있는 곳으로 가야한다는 듯이. 그러나 동일이 곧 다시 떠나야만 하는 선원이라는 점을 감안한다면, 아마도 정창화 감독은 영원히 지속되는 행복한 가정이란 현실 속에 존재하지 않는다는 것을 은연중에 보여주고 싶었던 것인지도 모르겠다.

이처럼 〈노다지〉는 정창화 감독이 다양한 장르의 아이콘과 스타일을 혼합하여 자신만의 독창적인 장르영화 세계를 구축해 가는 과정에서 황금에 눈 먼 인간의 욕망과 연민의 스토리를 세련된 감각과 뛰어난 연출력으로 버무려낸 수작이라고 평가할 수 있다. 그리고 1956년 〈장화홍련전〉 제작 당시 정창화 감독의 연출부로 영화계에 입문하여 이 영화의 조감독을 마지막으로 이듬해 데뷔하게 되는 임권택 감독의 장르영화에 대한 관심과 액션영화에 대한 애착 역시 정창화 감독으로부터 비롯된 유산이라고 설명할 수 있을 것이다.

노다지 *A Bonanza, 1961*

•• *Production Notes*

제작사	화성영화주식회사
제 작	이화룡, 박희백
감 독	정창화
각 본	임 택
각 색	임희재
촬 영	이문백
조 명	윤영선
음 악	박춘석
미 술	원재래
녹 음	손인호
효 과	이상만
편 집	김희수
현 상	김봉수

•• *Cast*

장웅칠	김승호
박동일	황 해
장영옥	엄앵란
박달수	허장강
웅칠의 처	조미령
어린 영옥	전영선
황돼지	박노식
애꾸	장동휘
허만기	김희갑
연옥	윤인자

● ● *Synopsis*

  건달 생활을 청산하고 선원이 된 동일(황해)은 반년 만에 고향 부산
으로 돌아온다. 20년 전 금광에 미쳐 아버지가 나간 탓에 금쟁이라면
치를 떠는 동일은 사금왕이 된 웅칠(김승호)과 시비가 붙는다. 20여 년
전, 웅칠은 애인 연옥(윤인자)을 사장에게 뺏기고 홧김에 다른 여자와
결혼하여 딸을 낳지만 가정에 정을 붙이지 못한다. 웅칠은 달수(허장
강)를 만나 금을 캐기 위해 산으로 들어가고, 웅칠의 처(조미령)는 석탄
을 주워 팔며 홀로 어린 딸 영옥(전영선)을 키운다. 그러던 중 웅칠의
처는 사고로 기차에 치여 죽고, 뒤 늦게 이 사실을 알게 된 웅칠은 주
인집 식모살이를 하고 있던 영옥을 데리고 산으로 들어간다. 그러나
어린 딸을 데리고 험한 산을 타는 것이 녹록지 않자 웅칠은 영옥을
산에 버려두고 떠난다.

20년 후 웅칠과 달수는 드디어 시금광을 발견한다. 그러나 달수는 욕심에 눈이 어두워 차디 찬 계곡에서 몰래 사금을 캐다 동상에 걸려 걸을 수 없게 된다. 살날이 얼마 안 남자 달수는 웅칠에게 아들 동일을 찾아 자기 몫의 사금과 자신의 엽총을 전해달라고 부탁한다. 웅칠은 사금과 엽총을 메고 고향으로 돌아와 영옥과 동일을 찾기 시작한다. 그러나 웅칠이 사금왕이 되었다는 소식이 신문에 실리자, 온갖 사기꾼들과 옛 애인 연욱, 과거 자신을 괄시했던 옛 직장 상사까지 그의 재산을 노리고 접근한다. 사설탐정이라 자칭하는 허만기(김희갑) 역시 가짜 영옥과 동일을 앞세워 한 몫 챙기려 한다.

한편 갱 단원 영옥(엄앵란)은 선원인 동일을 알게 되면서 갱 생활을 청산하려 한다. 그러나 갱단의 두목 황돼지(박노식)와 부두목 애꾸(장동휘)는 영옥에게 웅칠의 사금광 지도를 훔쳐오면 자유롭게 해주겠다는 거래를 제안한다. 영옥은 웅칠에게 접근해 사금광 지도를 훔쳐 갱단에게 넘기지만, 황돼지와 애꾸는 약속을 지키지 않고 영옥을 금광의 산으로 끌고 간다. 웅칠은 뒤늦게 영옥과 동일이 자신의 딸과 달수의 아들임을 알고 동일과 함께 영옥을 구하러 나선다. 웅칠과 동일은 갱들과의 치열한 총격전 끝에 그들을 물리치고, 영옥을 구해 산을 내려온다.

작품 연보

1950년	유혹의 거리	*The Street of Temptation*
1954년	최후의 유혹	*The Last Temptation*
1955년	제이의 출발	*The Second Chance*
1956년	장화홍련전	*The Story of Janghwa and Hongryun*
1957년	풍운의 궁전	*The Palace of Ambition*
1958년	망향	*Longing for Home*
	비련의 섬	*The Island of Tragic Love*
1959년	사랑이 가기전에	*Before Love Is Gone*
	후라이보이 박사 소동	*Flyboy, the Bogus Rocketeer*
1960년	슬픔은 강물처럼	*Sorrow Flows Like a River*
	햇빛 쏟아지는 벌판	*Sunny Fields*
1961년	지평선	*Horizon*
	노다지	*Bonanza*
	장희빈	*Jang Hee Bin*
1962년	대장화홍련전	*The Story of Janghwa and Hongryun*
	칠공주	*Seven Princesses*
1963년	대지의 지배자	*The Ruler of the Earth*
	대평원	*The Great Plain*
	청춘산맥	*Youngster's Ridge*
1964년	밤안개	*Night Fog*
1964년	부부전쟁	*Lover's Quarrel*
	수색대	*A Search Party*
1965년	사르빈 강에 노을이 진다	*Sunset on the Sarbin River*
	살인명령	*A Command to Kill*
	유부녀	*A Married Woman*
	죽도록 보고싶어	*Miss you to Death*

수상 내역

1961년	국제영화지 인기감독상
1963년	세계영화지 인기감독상
1967년	제6회 대종상 우수반공영화상(돌무지)
1989년	영화의날 공로상
2004년	부산국제영화제 합작영화 공로상
2006년	춘사영화제 한류영화 공로 대상
2006년	제44회 영화의 날 한류영화 공로상
2007년	제15회 춘사영화제 아름다운 영화인상
2010년	제48회 영화의 날 자랑스런 영화인상
2011년	제31회 영평상 공로영화인상
2012년	뉴욕아시안영화제 평생공로상
2012년	샌디에고아시안영화제 평생공로상

중요 경력

1967-1973년	홍콩 쇼브라더스 *Shaw Brothers* 영화사 전속 감독으로 활동
1973년	"죽음의 다섯손가락" *Five Fingers of Death* 감독 전미국 박스오피스 1위 기록
1973-1978년	홍콩 *Golden Harvest* 전속 감독으로 이적
2003년	제8회 부산국제영화제 한국액션의 전설, 정창화 감독 회고전, 핸드프린팅
2004년	홍콩영상자료원 정창화 감독 회고전
2004년	필름페스티발 파리시네마 *Paris Cinema* 초청되어 정창화 감독 회고전
2005년	칸영화제 "칸클래식" 섹션에 "죽음의 다섯손가락" *Five Fingers of Death* 초청 상영
1981년	사단법인 한국영화제작자협회 부회장
2007년	제11회 부천국제판타스틱영화제 장편심사위원장
2008년	제16회 춘사대상영화제 심사위원장
2010년	LA한국영화제 집행위원장
2011년	한국영상자료원 한국 액션영화의 대부 정창화 감독 회고전
2012-2014년	샌디에고한국영화제 집행위원장
2015년	런던한국영화제 정창화 감독 회고전

제작 리스트

1979년	학을 그리는 여인	감독 조문진
1979년	불행한 여자의 행복	감독 변장호
1979년	어느 여대생의 고백	감독 김선경
1980년	색깔있는 여자	감독 김성수
1980년	노명검	감독 계지홍
1980년	요	감독 김영효
1980년	괴초도사	감독 신위균
1980년	소림용문방	감독 김종성
1981년	나는 할레루야 아줌마였다	감독 김수형
1981년	그대 앞에 다시 서라라	감독 이원세
1981년	인터폴	감독 김선경
1981년	가슴깊게 화끈하게	감독 김수형
1982년	여자와 비	감독 김성수
1982년	친구애인	감독 김종원
1982년	소림신방	감독 고응호

1982년	흑장미 *감독 신위균*
1983년	웬일이니 *감독 김종성,진중량*
1983년	불새의 늪 *감독 고응호*
1983년	비호문 *감독 이헌우*
1983년	인생극장 *감독 최현민*
1983년	뇌 권 *감독 김시현*
1984년	내사랑 짱구 *감독 유진선*
1984년	지금 이대로가 좋아 *감독 정인엽*
1984년	홍병매 *감독 김시현*
1985년	피조개 뭍에 오르다 *감독 양변간*
1985년	달빛타기 *감독 이영실*
1985년	그때 죽어도 좋았다 *감독 김문옥*
1986년	수렁에서 건진 내딸2 *감독 김호선*
1986년	투명인간 *감독 최영철*

▲ 1960년(左), 1970년(右) 정창화 감독

▲ 1974년 홍콩 쇼브라더스 활동 당시 정창화 감독

▲ 아리카메라와함께

▲1969년 〈천면마녀〉 연출을 맡은 정창화 감독(左)과 배우 성훈(右)

▲ 1974년(左), 1976년(右) 홍콩 쇼브라더스 활동 당시 정창화 감독

▲1962년년 세계영화지 인기 감독상

▲1969년 홍콩 〈망향〉

▲ 2014 제2회 샌디에고한국영화제(SDKOFF) 박중훈과 함께

▲ 2014년 이용관, 안성기, 박중훈, 장동건과 함께

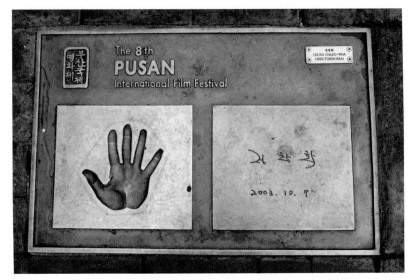

▲ 2003년 부산국제영화제(BIFF) 회고전 핸드프린딩

▲ 2003년 부산국제영화제(BIFF) 핸드프린딩 정창화 감독 김동호 명예 집행위원장

▲ 2003년 부산국제영화제(BIFF) 정창화 감독 회고전

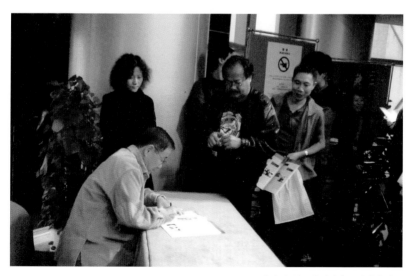

▲ 2004년 홍콩 회고전 싸인하는 정창화 감독

▲ 2011년 샌디에고아시안영화제(SDAFF) 회고전

▲ 2012년 샌디에고아시안영화제(SDAFF) 평생공로상

▲ 2010년 GOLDEN GLOBE 박홍진과 함께(左), 딸과 함께(右)

▲ 2013년 샌디에고한국영화제(SDKOFF) 김지미(左), 정창화 감독(右)

▲ 2004년 파리회고전 정패패 배우(左), 관객과의 대화(右)

▲ 2012년 제11회 뉴욕아시안영화제(NYAFF)에서 평생 공로상 수상

▲ 2012년 제11회 뉴욕아시안영화제(NYAFF)에서 인터뷰하고 있는 정창화 감독

▲ 2012년 제11회 뉴욕아시안영화제(NYAFF)에서 코란 집행위원장, 최민식과 함께

▲ 2011년 한국영화평론가협회상(영평상) 공로영화인상

THE MAN OF ACTION

지은이_ 정창화
발행인_ 김미화

초판 1쇄 인쇄_ 2015. 09. 24.
초판 1쇄 발행_ 2015. 10. 05.

발행처_ 삶과지식
편집_ 박시우(Siwoo Park)
디자인_ 다인디자인(E.S. Park)

등록번호_ 제2010-000048호
등록일자_ 2010-08-23

서울시 강서구 강서대로47길 108
전화_ 02-2667-7447
이메일_ dove0723@naver.com

ⓒ 정창화, 2015
ISBN 979-11-85324-21-0   03680

이 도서의 국립중앙도서관 출판예정도서목록(CIP)은 서지정보유통지원시스템
홈페이지(http://seoji.nl.go.kr)와 국가자료공동목록시스템(http://www.nl.go.
kr/kolisnet)에서 이용하실 수 있습니다.(CIP제어번호: CIP2015026350)